El Kybalión

EL KYBALIÓN

Los Tres Iniciados

SALOMÓN

ISBN: 9798373640428

Impreso en U.S.A. / *Printed in the U.S.*

ÍNDICE

INTRODUCCIÓN

Nos da un placer inmenso presentar a la atención de los estudiantes e investigadores de las Doctrinas Secretas este pequeño trabajo basado en las Enseñanzas Herméticas de la antigüedad mundial. Se ha escrito tan poco sobre este tema, a pesar de las innumerables referencias a las Enseñanzas en las muchas obras sobre ocultismo, que los muchos buscadores serios de las Verdades Arcanas sin duda darán la bienvenida a la aparición del presente volumen.

El propósito de este trabajo no es la enunciación de ninguna filosofía o doctrina en especial, sino más bien dar a los estudiantes una declaración de la Verdad que servirá para reconciliar los muchos fragmentos de conocimiento oculto que pueden haber adquirido, pero que aparentemente son opuestos entre sí, y que muchas veces sirven para desanimar y molestar al principiante en el estudio. Nuestra intención no es erigir un nuevo Templo del Conocimiento, sino más bien colocar en las manos del estudiante una Llave Maestra con la que pueda abrir las muchas puertas interiores del Templo del Misterio a través de los portales principales por los que ya ha entrado.

No hay parte de las enseñanzas ocultas que posee el mundo que haya sido tan celosamente guardada como los fragmentos de las Enseñanzas Herméticas que nos han llegado a lo largo de las decenas de siglos

7

transcurridos desde la vida de su gran fundador, Hermes Trismegistus. el "escriba de los dioses", que habitó en el antiguo Egipto en los días en que la actual raza de hombres estaba en su infancia. Contemporáneo de Abraham y, si las leyendas son ciertas, instructor de ese venerable sabio, Hermes fue y es el Gran Sol Central del Ocultismo, cuyos rayos han servido para iluminar las innumerables enseñanzas que se han promulgado desde su tiempo. Todas las enseñanzas fundamentales y básicas incrustadas en las enseñanzas esotéricas de todas las razas se pueden rastrear hasta Hermes. Incluso las enseñanzas más antiguas de la India sin duda tienen sus raíces en las Enseñanzas Herméticas originales.

Desde la tierra del Ganges, muchos ocultistas avanzados vagaron hacia la tierra de Egipto y se sentaron a los pies del Maestro. De él obtuvieron la Clave Maestra que explicaba y reconciliaba sus puntos de vista divergentes, y así la Doctrina Secreta quedó firmemente establecida. De otras tierras también vinieron los eruditos, todos los cuales consideraban a Hermes como el Maestro de Maestros, y su influencia fue tan grande que a pesar de los muchos desvíos del camino por parte de los siglos de maestros en estas diferentes tierras, todavía se puede encontrar una cierta semejanza y correspondencia básica que subyace a las muchas y, a menudo, bastante divergentes teorías entretenidas y enseñadas por los ocultistas de estas diferentes tierras en la actualidad. El estudiante de Religiones Comparadas podrá percibir la influencia de las Enseñanzas Herméticas en toda religión digna de ese nombre, ahora conocida por el hombre, ya sea una religión muerta o una en pleno vigor en nuestros tiempos. Siempre hay una cierta correspondencia a pesar de los rasgos contradictorios, y las Enseñanzas Herméticas actúan como el Gran Reconciliador.

La obra de toda la vida de Hermes parece haber sido en la dirección de plantar la gran Semilla de la Verdad que ha crecido y florecido en tantas formas extrañas, más que en establecer una escuela de filosofía que dominara el pensamiento del mundo. Aún así, en cada época, las verdades originales enseñadas por él han sido conservadas intactas en su pureza original por unos pocos hombres, quienes, rechazando un gran número de estudiantes y seguidores semidesarrollados, siguieron la costumbre hermética y reservaron su verdad para unos pocos que estaban preparados para comprenderlo y dominarlo. De labio a oído la verdad se ha transmitido entre unos pocos. Siempre ha habido unos pocos Iniciados en cada generación, en las diversas tierras de la tierra, que mantuvieron viva la llama sagrada de las Enseñanzas Herméticas, y esos siempre han estado dispuestos a usar sus lámparas para volver a encender las lámparas menores del mundo externo, cuando la luz de la verdad se oscurecía y se nublaba a causa de la negligencia, y cuando las mechas se obstruían con materia extraña. Siempre hubo unos pocos para atender fielmente el altar de la Verdad, en el que se mantenía encendida la Lámpara Perpetua de la Sabiduría. Estos hombres dedicaron su vida al trabajo de amor que el poeta tan bien ha expresado en sus versos:

«¡Oh, que no se apague la llama! Atesorada, edad tras edad en su oscura caverna, en sus santos templos atesorada. Alimentada por puros ministros del amor, ¡que no se extinga la llama!»

Estos hombres nunca han buscado la aprobación popular, ni número de seguidores. Son indiferentes a estas cosas porque saben cuán pocos hay en cada generación que estén preparados para la verdad, o que la reconocerían si se les presentara. Reservan la "carne fuerte para los hombres", mientras que otros proporcionan la "leche para los niños". Reservan sus perlas de sabiduría para los pocos elegidos, que reconocen su valor y las llevan en sus coronas, en lugar de arrojarlas ante los vulgares cerdos materialistas, que las pisotearían en el lodo y las mezclarían con su repugnante comida mental. Pero aun así, estos hombres nunca olvidaron ni pasaron por alto las enseñanzas originales de Hermes, con respecto a la transmisión de las palabras de la verdad a aquellos que están listos para recibirlas, enseñanza que se establece en El Kybalión de la siguiente manera: "Donde han tocado las pisadas del Maestro, los oídos de aquellos que están listos para su Enseñanza se abren de par en par." Y otra vez: "Cuando los oídos del estudiante están listos para oír, entonces vienen los labios para llenarlos de sabiduría". Pero su actitud habitual siempre ha estado estrictamente de acuerdo con el otro aforismo hermético, también en El Kybalión: «Los labios de la Sabiduría están cerrados, excepto para los oídos del Entendimiento».

Hay quienes han criticado esta actitud de los hermetistas, y han afirmado que no manifestaron el debido espíritu en su política de reclusión y reticencia. Pero una momentánea y retrospectiva mirada en las páginas de la historia, mostrará la sabiduría de los Maestros que conocían la locura de intentar enseñar al mundo lo que no estaba preparado ni dispuesto a recibir. Los hermetistas nunca han buscado ser mártires y, en cambio, se han sentado en silencio a un lado con una sonrisa de lástima en sus labios cerrados, mientras los "paganos se enfurecían ruidosamente a su alrededor", en su habitual diversión de torturar y dar muerte a los entusiastas honestos pero equivocados. que imaginaron que podían imponer a una raza de bárbaros la verdad capaz de ser comprendida sólo por los elegidos que han avanzado por El Sendero.

Y el espíritu de persecución aún no se ha extinguido en la tierra. Hay ciertas Enseñanzas Herméticas que, si se promulgaran públicamente, harían descender sobre los maestros un gran grito de desprecio e injuria por parte de la multitud, que volvería a lanzar el grito de "¡Crucifícale! Crucifícale."

En este pequeño trabajo nos hemos esforzado por darles una idea de las enseñanzas fundamentales de El Kybalión, esforzándonos por darles los Principios de trabajo, dejándoles que los apliquen ustedes mismos, en lugar de intentar desarrollar la enseñanza en detalle. Si eres un verdadero estudiante, serás capaz de trabajar y aplicar estos Principios; si no, entonces debes convertirte en uno, porque de lo contrario las Enseñanzas Herméticas serán como «palabras, palabras, palabras" para ti.

Los Tres Iniciados

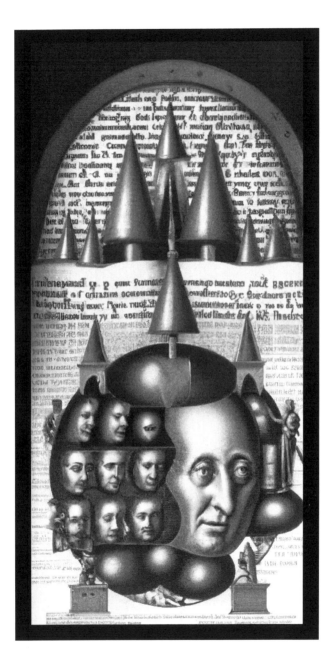

CAPÍTULO I

LA FILOSOFÍA HERMÉTICA

«Los labios de la sabiduría están cerrados,
excepto para los oídos del Entendimiento.»

El Kybalión

Del antiguo Egipto provienen las enseñanzas esotéricas y ocultas fundamentales que han influido tan fuertemente en las filosofías de todas las razas, naciones y pueblos, durante varios miles de años. Egipto, el hogar de las Pirámides y la Esfinge, fue el lugar de nacimiento de la Sabiduría Oculta y las Enseñanzas Místicas. De su Doctrina Secreta todas las naciones se han tomado prestado. India, Persia, Caldea, Medea, China, Japón, Asiria, las antiguas Grecia y Roma, y otros países antiguos participaron generosamente en la fiesta del conocimiento que los Hierofantes y Maestros de la Tierra de Isis proporcionaron tan generosamente para aquellos que vinieron preparados para participar. de la gran reserva de conocimientos místicos y ocultos que los autores intelectuales de esa antigua tierra habían reunido.

En el antiguo Egipto habitaron los grandes Adeptos y Maestros que nunca han sido superados, y que rara vez han sido igualados, durante los siglos que han emprendido su vuelo procesional desde los días del Gran Hermes. En Egipto estaba ubicada la Gran Logia de Logias de los Místicos. A las puertas de sus Templos entraron los Neófitos que después, como Hierofantes, Adeptos y Maestros, viajaron por los cuatro rincones de la tierra, llevando consigo los preciosos conocimientos que estaban dispuestos, ansiosos y dispuestos a transmitir a quienes estaban listos para recibir lo mismo. Todos los estudiantes de Ocultismo reconocen la deuda que tienen con estos venerables Maestros de esa tierra antigua.

Pero entre estos grandes Maestros del Antiguo Egipto, una vez habitó uno a quien los Maestros aclamaron como "El Maestro de los Maestros". Este hombre, si en verdad era "hombre", habitó en Egipto en los primeros días. Era conocido como Hermes Trismegistus. Fue el padre de la Sabiduría Oculta; el fundador de la Astrología; el descubridor de la Alquimia. Los detalles de la historia de su vida se pierden en la historia, debido al transcurso de los años, aunque varios de los países antiguos se disputaron entre sí sus reclamos por el honor de haber amueblado su lugar de nacimiento, y esto hace miles de años. La fecha de su estancia en Egipto, en cuanto a su última encarnación en este planeta, no se conoce ahora, pero se ha fijado en los primeros días de las dinastías más antiguas de Egipto, mucho antes de los días de Moisés. Las mejores autoridades lo consideran un contemporáneo de Abraham, y algunas de las tradiciones judías llegan a afirmar que Abraham adquirió una parte de su conocimiento místico del mismo Hermes.

A medida que pasaron los años después de su partida de este plano de vida (la tradición registra que vivió trescientos años en la carne), los egipcios deificaron a Hermes y lo convirtieron en uno de sus dioses, bajo el nombre de Thoth. Años después, la gente de la antigua Grecia también lo convirtió en uno de sus muchos dioses, llamándolo "Hermes, el dios de la Sabiduría". Los egipcios reverenciaron su memoria durante muchos siglos, sí, decenas de siglos, llamándolo "el Escriba de los Dioses", y otorgándole, distintivamente, su antiguo título, "Trismegistus", que significa "el tres veces grande"; "el gran-grande"; "el mayor-grande"; etc. En todas las tierras antiguas se reverenciaba el nombre de Hermes Trismegistus, siendo el nombre sinónimo de la "Fuente de la Sabiduría".

Incluso hasta el día de hoy, usamos el término "hermético" en el sentido de "secreto"; "sellado para que nada pueda escapar"; etc., y esto en razón de que los seguidores de Hermes siempre observaron el principio del secreto en sus enseñanzas. No creían en "echar perlas a los cerdos", sino que se aferraban a la enseñanza de "leche para los niños; carne para hombres fuertes", ambas máximas son familiares para los lectores de las escrituras cristianas, pero ambas habían sido utilizadas por los egipcios durante siglos antes de la era cristiana.

Y esta política de cuidadosa difusión de la verdad siempre ha caracterizado a los herméticos, o hermetistas, incluso hasta el día de hoy. Las Enseñanzas Herméticas se encuentran en todas las tierras, entre todas las religiones, pero nunca identificadas con ningún país en particular, ni con ninguna secta religiosa en particular. Esto debido a la advertencia de los antiguos maestros en contra de permitir que la Doctrina Secreta se cristalice en un credo. La sabiduría de esta advertencia es evidente para todos los estudiantes de historia. El antiguo ocultismo de la India y Persia degeneró y se perdió en gran parte debido al hecho de que los maestros se convirtieron en sacerdotes y mezclaron así la teología con la filosofía, siendo el resultado que el ocultismo de la India y Persia se ha perdido gradualmente en medio de la masa de superstición religiosa, cultos, credos y "dioses". Así fue con la antigua Grecia y Roma. Así sucedió con las Enseñanzas Herméticas de los Gnósticos y Cristianos Primitivos, que se perdieron en la época de Constantino, cuya mano de hierro sofocó la filosofía con el manto de la teología, perdiendo para la Iglesia Cristiana lo que era su misma esencia y espíritu, y causando tuvo que andar a tientas durante varios siglos antes de encontrar el camino de regreso a su antigua fe, las indicaciones evidentes para todos los observadores cuidadosos en este siglo veinte son que la Iglesia ahora está luchando por volver a sus antiguas enseñanzas místicas.

Pero siempre hubo unas pocas almas fieles que mantuvieron viva la Llama, cuidándola con cuidado y no permitiendo que su luz se extinguiera. Y gracias a estos corazones firmes y mentes intrépidas, todavía tenemos la verdad con nosotros. Pero no se encuentra en los libros, en gran medida. Se ha pasado de Maestro a Estudiante; de Iniciado a Hierofante; del labio a la oreja.

Cuando se escribió, su significado fue velado en términos de alquimia y astrología, de modo que solo aquellos que poseían la clave pudieran leerlo correctamente. Esto se hizo necesario para evitar las persecuciones de los teólogos de la Edad Media, que combatían la Doctrina Secreta a fuego y espada; estaca, patíbulo y cruz. Incluso hasta el día de hoy, se encontrarán pocos libros confiables sobre la Filosofía Hermética, aunque hay innumerables referencias a ella en muchos libros escritos sobre varias fases del Ocultismo. ¡Y sin embargo, la Filosofía Hermética es la única Llave Maestra que abrirá todas las puertas de las Enseñanzas Ocultas!

En los primeros días, había una compilación de ciertas Doctrinas Herméticas Básicas, transmitidas de maestro a alumno, que se conocía como "El Kybalión", habiéndose perdido el significado exacto del término durante varios siglos. Esta enseñanza, sin embargo, es conocida por muchos a quienes les ha llegado, de boca en oído, una y otra vez a lo largo de los siglos. Sus preceptos nunca han sido escritos o impresos, hasta donde sabemos. Era simplemente una colección de máximas, axiomas y preceptos, que no eran comprensibles para los extraños, pero que los estudiantes entendían fácilmente, después de que los axiomas, máximas y preceptos habían sido explicados y ejemplificados por los Herméticos Iniciados a sus Neófitos. Estas enseñanzas realmente constituyeron los principios básicos de "El Arte de la Alquimia Hermética", que, contrariamente a la creencia general, se ocupaba del dominio de las Fuerzas Mentales, en lugar de los

Elementos Materiales: la Transmutación de un tipo de Vibraciones Mentales en otras, en lugar de el cambio de un tipo de metal en otro. Las leyendas de la "Piedra Filosofal" que convertiría el metal común en Oro, era una alegoría relacionada con la Filosofía Hermética, fácilmente comprendida por todos los estudiosos del verdadero Hermetismo.

En este pequeño libro, del cual esta es la Primera Lección, invitamos a nuestros estudiantes a examinar las Enseñanzas Herméticas, tal como se establece en El Kybalión, y como lo explicamos nosotros mismos, humildes estudiantes de las Enseñanzas, quienes, mientras llevamos el título de Los iniciados, son todavía alumnos a los pies de Hermes, el Maestro. En este documento le ofrecemos muchas de las máximas, axiomas y preceptos de El Kybalión acompañados de explicaciones e ilustraciones que consideramos probables que faciliten la comprensión de las enseñanzas por parte del estudiante moderno, especialmente porque el texto original está deliberadamente velado en términos oscuros.

Las máximas, axiomas y preceptos originales de "El Kybalión" están impresos aquí, en itálicas, dándose el crédito correspondiente. Nuestro propio trabajo está impreso de manera regular, en el cuerpo del trabajo. Confiamos en que los muchos estudiantes a los que ahora ofrecemos este pequeño trabajo obtendrán tantos beneficios del estudio de sus páginas como los muchos que lo han hecho antes, recorriendo el mismo Sendero a la Maestría a lo largo de los siglos que han pasado desde los tiempos. de Hermes Trismegistus—el Maestro de Maestros—el Gran-Grande. En palabras de "El Kybalión":

> «Donde caen los pasos del Maestro, los oídos de aquellos listos para su Enseñanza se abren de par en par.»
> El Kybalión

> «Cuando los oídos del estudiante están listos para oír, entonces llegan los labios para llenarlos de Sabiduría.»
> El Kybalión

De modo que, de acuerdo con las Enseñanzas, el paso de este libro a aquellos que estén listos para la instrucción atraerá la atención de aquellos que estén preparados para recibir la Enseñanza. Y así mismo, cuando el alumno esté listo para recibir la verdad, entonces le llegará este librito. Así es La Ley. El Principio Hermético de Causa y Efecto, en su aspecto de La Ley de Atracción, unirá los labios y el oído, alumno y libro en compañía. ¡Así sea!

CAPÍTULO II

LOS SIETE PRINCIPIOS HERMÉTICOS

> «Los Principios de la Verdad son Siete;
> el que los conoce, con comprensión,
> posee la Llave Mágica ante cuyo toque
> todas las Puertas del Templo se abren de golpe.»
>
> El Kybalión

Los Siete Principios Herméticos, en los que se basa toda la Filosofía Hermética, son los siguientes:

1. EL PRINCIPIO DE MENTALISMO.

2. EL PRINCIPIO DE CORRESPONDENCIA.

3. EL PRINCIPIO DE VIBRACIÓN.

4. EL PRINCIPIO DE POLARIDAD.

5. EL PRINCIPIO DE RITMO.

6. EL PRINCIPIO DE CAUSA Y EFECTO.

7. EL PRINCIPIO DE GÉNERO.

Estos Siete Principios serán discutidos y explicados a medida que avancemos con estas lecciones. Sin embargo, en este momento también se puede dar una breve explicación de cada uno.

1. EL PRINCIPIO DE MENTALISMO

«EL TODO es MENTE; el universo es mental.»
El Kybalión

Este Principio encarna la verdad de que "Todo es Mente". Explica que EL TODO (que es la Realidad Sustancial subyacente a todas las manifestaciones y apariencias externas que conocemos bajo los términos de "El Universo Material", los "Fenómenos de la Vida", "Materia", "Energía" y, en resumen, , todo lo que es aparente a nuestros sentidos materiales) es el ESPÍRITU, que en sí mismo es INCOGNOSCIBLE e INDEFINIBLE, pero que puede ser considerado y pensado como UNA MENTE VIVIENTE UNIVERSAL, INFINITA. También explica que todo el mundo fenoménico o universo es simplemente una Creación Mental del TODO, sujeto a las Leyes de las Cosas Creadas, y que el universo, como un todo, y en sus partes o unidades, tiene su existencia en la Mente de EL TODO, en cuya Mente "vivimos, nos movemos y tenemos nuestro ser". Este Principio, al establecer la Naturaleza Mental del Universo, explica fácilmente todos los variados fenómenos mentales y psíquicos que ocupan una porción tan grande de la atención pública, y que, sin tal explicación, son incomprensibles y desafían el tratamiento científico. La comprensión de este gran Principio Hermético del Mentalismo permite al individuo comprender fácilmente las leyes del Universo Mental y aplicarlas a su bienestar y progreso. El Estudiante Hermético está capacitado para aplicar inteligentemente las grandes Leyes Mentales, en lugar de usarlas al azar. Con la Llave Maestra en su posesión, el estudiante puede abrir las muchas puertas del templo mental y psíquico del conocimiento, y entrar en él libre e inteligentemente. Este Principio explica la verdadera naturaleza de la "Energía", el "Poder" y la "Materia", y por qué y cómo todos ellos están subordinados al Dominio de la Mente. Uno de los antiguos Maestros Herméticos escribió, hace mucho tiempo: "Aquel que capta la verdad de la Naturaleza Mental del Universo está muy avanzado en el Sendero a la Maestría". Y estas palabras son tan verdaderas hoy como en el momento en que fueron escritas por primera vez. Sin esta Llave Maestra, la Maestría es imposible, y el estudiante llama en vano a las muchas puertas del Templo.

2. EL PRINCIPIO DE CORRESPONDENCIA

«Como es arriba, es abajo; como es abajo, es arriba.»
El Kybalión

Este Principio encarna la verdad de que siempre hay una Correspondencia entre las leyes y los fenómenos de los diversos planos del Ser y la Vida. El antiguo axioma hermético decía estas palabras: "Como es arriba, es abajo; como es abajo, es arriba." Y la comprensión de este Principio le da a uno los medios para resolver muchas paradojas oscuras y secretos ocultos de la Naturaleza. Hay planos más allá de nuestro conocimiento, pero cuando les aplicamos el Principio de Correspondencia somos capaces de comprender muchas cosas que de otro modo serían incognoscibles para nosotros. Este Principio es de aplicación y manifestación universal, en los diversos planos del universo material, mental y espiritual, es una Ley Universal. Los antiguos hermetistas consideraban este Principio como uno de los instrumentos mentales más importantes mediante los cuales el hombre podía apartar los obstáculos que ocultaban a la vista lo Desconocido. Su uso incluso desgarró el Velo de Isis en la medida en que se podía captar un atisbo del rostro de la diosa. Así como el conocimiento de los Principios de la Geometría permite al hombre medir soles distantes y sus movimientos, mientras está sentado en su observatorio, así el conocimiento del Principio de Correspondencia permite al Hombre razonar inteligentemente desde lo Conocido hasta lo Desconocido. Estudiando la mónada, comprende al arcángel.

3. EL PRINCIPIO DE **VIBRACIÓN**

«Nada descansa; todo se mueve; todo vibra.»

El Kybalión

Este Principio encarna la verdad de que "todo está en movimiento"; "todo vibra"; "nada está en reposo"; hechos que la Ciencia Moderna avala, y que cada nuevo descubrimiento científico tiende a verificar. Y sin embargo, este Principio Hermético fue enunciado hace miles de años por los Maestros del Antiguo Egipto. Este Principio explica que las diferencias entre las distintas manifestaciones de la Materia, la Energía, la Mente e incluso el Espíritu resultan en gran medida de las distintas variaciones de la Vibración. Desde EL TODO, que es Espíritu Puro, hasta la forma más burda de la Materia, todo está en vibración: cuanto más alta es la vibración, más alta es la posición en la escala. La vibración del Espíritu tiene un ritmo tan infinito de intensidad y rapidez que prácticamente está en reposo, tal como una rueda que se mueve rápidamente parece estar inmóvil. Y en el otro extremo de la escala, hay formas burdas de materia cuyas vibraciones son tan bajas que parecen estar en reposo. Entre estos polos, hay millones y millones de diferentes grados de vibración. Desde el corpúsculo y el electrón, el átomo y la molécula, hasta los mundos y universos, todo está en movimiento vibratorio. Esto también es cierto en los planos de energía y fuerza (que no son más que diversos grados de vibración); y también en los planos mentales (cuyos estados dependen de las vibraciones); e incluso a los planos espirituales. La comprensión de este Principio, con las fórmulas apropiadas, permite a los estudiantes Herméticos controlar sus propias vibraciones mentales así como las de los demás. Los Maestros también aplican este Principio a la conquista de los fenómenos Naturales, de varias maneras. "Quien comprende el Principio de la Vibración, ha empuñado el cetro del poder", dice uno de los antiguos escritores.

4. EL PRINCIPIO DE **POLARIDAD**

«Todo es Dual; todo tiene polos; todo tiene su par de opuestos; semejantes y desemejantes son lo mismo; los opuestos son idénticos en naturaleza, pero diferentes en grado; los extremos se unen; todas las verdades no son más que medias verdades; todas las paradojas pueden ser reconciliadas.»

El Kybalión

Este Principio encarna la verdad de que "todo es dual"; "todo tiene dos polos"; "todo tiene su par de opuestos", todos los cuales son viejos axiomas herméticos. Explica las viejas paradojas, que han dejado perplejos a tantos, que han sido enunciadas así: "La tesis y la antítesis son idénticas en naturaleza, pero diferentes en grado"; "los opuestos son lo mismo, difiriendo solo en grado"; "los pares de opuestos pueden reconciliarse"; "los extremos se encuentran"; "todo es y no es, al mismo tiempo"; "todas las verdades son verdades a medias"; "toda verdad tiene una mitad falsa"; "hay dos lados en todo", etc. Explica que en todo hay dos polos, o aspectos opuestos, y que los "opuestos" son realmente solo los dos extremos de la misma cosa, con muchas variantes. grados entre ellos. Para ilustrar: el calor y el frío, aunque son "opuestos", son en realidad la misma cosa, las diferencias consisten simplemente en grados de la misma cosa. ¡Mira tu termómetro y ve si puedes descubrir dónde termina el "calor" y comienza el "frío"! No existe tal cosa como "calor absoluto" o "frío absoluto": los dos términos "calor" y "frío" simplemente indican diversos grados de lo mismo, y esa "misma cosa" que se manifiesta como "calor" y "frío". es meramente una forma, variedad y tasa de vibración. De modo que "calor" y "frío" son simplemente los "dos polos" de lo que llamamos "Calor", y los fenómenos que los acompañan son manifestaciones del Principio de Polaridad. El mismo Principio se manifiesta en el caso de "Luz y Oscuridad", que son la misma cosa, consistiendo la diferencia en diversos grados entre los dos polos de los fenómenos. ¿Dónde terminan las "tinieblas" y comienza la "luz"? ¿Cuál es la diferencia entre "Grande y Pequeño"? ¿Entre "duro y blando"? ¿Entre "Blanco y Negro"? ¿Entre "afilado y aburrido"? ¿Entre "Ruido y Silencio"? ¿Entre "Alto y Bajo"? ¿Entre "Positivo y Negativo"? El Principio de Polaridad explica estas paradojas, y ningún otro Principio puede reemplazarlo. El mismo Principio opera en el Plano Mental. Tomemos un ejemplo radical y extremo: el del "Amor y el Odio", dos estados mentales aparentemente totalmente diferentes. Y, sin embargo, hay grados de Odio y grados de Amor, y un punto medio en el que usamos los términos "Me gusta o No me gusta", que se mezclan tan gradualmente que a veces no sabemos si nos "gusta" o no. "no me gusta" o "ninguno". Y todos son simplemente grados de la misma cosa, como verás si piensas un momento. Y, más que esto (y considerado de mayor importancia por los Herméticos), es posible cambiar las vibraciones de Odio a vibraciones de Amor, en la propia mente y en la mente de los demás. Muchos de ustedes, que leen estas líneas, han tenido experiencias personales de la involuntaria y rápida transición del Amor al Odio, y viceversa, en su propio caso y en el de los demás. Y por lo tanto se darán cuenta de la posibilidad de que esto se cumpla por el uso de la Voluntad, por medio de las fórmulas Herméticas. "El Bien y el Mal" no son más que los polos de una misma cosa, y el Hermético entiende el arte de transmutar el Mal en Bien, mediante una aplicación del Principio de Polaridad. En resumen, el "Arte de la Polarización" se convierte en una fase de la "Alquimia Mental" conocida y practicada por los Maestros Herméticos antiguos y modernos. Una comprensión del Principio le permitirá a uno cambiar su propia Polaridad, así como la de los demás, si dedica el tiempo y el estudio necesarios para dominar el arte.

5. El principio de ritmo

«Todo fluye, fuera y dentro; todo tiene sus mareas; todas las cosas suben y bajan; la oscilación del péndulo se manifiesta en todo; la medida de la oscilación hacia la derecha es la medida de la oscilación hacia la izquierda; el ritmo compensa.»

El Kybalión

Este Principio encarna la verdad de que en todo se manifiesta un movimiento medido, de un lado a otro; un flujo y entrada; un columpio hacia adelante y hacia atrás; un movimiento de péndulo; un flujo y reflujo parecido a una marea; marea alta y marea baja; entre los dos polos que existen de acuerdo con el Principio de

Polaridad descrito hace un momento. Siempre hay una acción y una reacción; un avance y un retroceso; un ascenso y un hundimiento. Esto es en los asuntos del Universo, soles, mundos, hombres, animales, mente, energía y materia. Esta ley se manifiesta en la creación y destrucción de mundos; en el auge y la caída de las naciones; en la vida de todas las cosas; y finalmente en los estados mentales del Hombre (y es con este último que los Herméticos encuentran la comprensión del Principio más importante). Los herméticos han captado este Principio, encontrando su aplicación universal, y también han descubierto ciertos medios para superar sus efectos en sí mismos mediante el uso de fórmulas y métodos apropiados. Aplican la Ley Mental de Neutralización. No pueden anular el Principio ni hacer que cese su funcionamiento, pero han aprendido a escapar de sus efectos sobre sí mismos hasta cierto punto, dependiendo de la Maestría del Principio. Han aprendido a USARLO, en lugar de ser USADOS por él. En este y otros métodos similares consiste el Arte de los Hermetistas. El Maestro de Hermética se polariza en el punto en que desea descansar, y luego neutraliza la oscilación rítmica del péndulo que tendería a llevarlo al otro polo. Todos los individuos que han alcanzado algún grado de Dominio de Sí mismos lo hacen en cierto grado, más o menos inconscientemente, pero el Maestro lo hace conscientemente y mediante el uso de su Voluntad, y alcanza un grado de Equilibrio y Firmeza Mental casi imposible de alcanzar. creencia por parte de las masas que se balancean hacia adelante y hacia atrás como un péndulo. Este Principio y el de Polaridad han sido muy estudiados por los Hermetistas; y los métodos para contrarrestarlos, neutralizarlos y USARLOS forman una parte importante de la Alquimia Mental Hermética.

6. EL PRINCIPIO DE CAUSA Y EFECTO

«Toda Causa tiene su Efecto; cada Efecto tiene su Causa; todo sucede conforme a Ley; la casualidad no es más que un nombre para la Ley no reconocida; hay muchos planos de causalidad, pero nada escapa a la Ley.»

El Kybalión

Este Principio encarna el hecho de que hay una Causa para cada Efecto; un efecto de cada causa. Explica que: "Todo sucede de acuerdo a la Ley"; que nunca nada "simplemente sucede"; que no existe tal cosa como la casualidad; que si bien hay varios planos de Causa y Efecto, dominando los superiores a los inferiores, nada escapa por completo a la Ley. Los Herméticos entienden el arte y los métodos de elevarse por encima del plano ordinario de Causa y Efecto, hasta cierto punto, y al elevarse mentalmente a un plano superior se vuelven Causantes en lugar de Efectos. Las masas de personas son arrastradas, obedientes al entorno; las voluntades y deseos de otros más fuertes que ellos mismos; herencia; sugerencia; y otras causas externas que los mueven como peones en el Tablero de Ajedrez de la Vida. Pero los Maestros, ascendiendo al plano superior, dominan sus estados de ánimo, carácter, cualidades y poderes, así como el entorno que los rodea, y se convierten en Impulsores en lugar de peones. Ayudan a JUGAR EL JUEGO DE LA VIDA, en lugar de ser jugados y movidos por otras voluntades y entornos. USAN el Principio en lugar de ser sus herramientas. Los Maestros obedecen a la Causalidad de los planos superiores, pero ayudan a GOBERNAR en su propio plano. En esta declaración se condensa una gran cantidad de conocimiento hermético, que lea quien pueda.

·

7. EL PRINCIPIO DE GÉNERO

«El género está en todo; todo tiene sus Principios Masculino y Femenino; El género se manifiesta en todos los planos.»

El Kybalión

Este Principio encarna la verdad de que hay género manifestado en todo—los Principios Masculino y Femenino siempre en acción. Esto es cierto no sólo en el Plano Físico, sino también en el Mental e incluso en el Plano Espiritual. En el Plano Físico, el Principio se manifiesta como sexo, en los planos superiores toma formas superiores, pero el Principio es siempre el mismo. Ninguna creación, física, mental o espiritual, es posible sin este Principio. La comprensión de sus leyes arrojará luz sobre muchos temas que han dejado perplejas las mentes de los hombres. El Principio de Género trabaja siempre en la dirección de la generación, regeneración y creación. Todo, y cada persona, contiene los dos Elementos o Principios, o este gran Principio, dentro de sí, él o ella. Todo lo Masculino tiene también el Elemento Femenino; cada Hembra contiene también el Principio Masculino. Si quieres entender la filosofía de la Creación, Generación y Regeneración Mental y Espiritual, debes entender y estudiar este Principio Hermético. Contiene la solución de muchos misterios de la Vida. Te advertimos que este Principio no tiene referencia a las muchas teorías, enseñanzas y prácticas lascivas, perniciosas y degradantes, que se enseñan bajo títulos fantasiosos, y que son una prostitución del gran principio natural del Género. Tales renacimientos viles de las antiguas formas infames de Falicismo tienden a arruinar la mente, el cuerpo y el alma, y la Filosofía Hermética siempre ha hecho sonar la nota de advertencia contra estas enseñanzas degradadas que tienden a la lujuria, el libertinaje y la perversión de los principios de la Naturaleza. Si buscas tales enseñanzas, debes buscarlas en otra parte; el hermetismo no contiene nada para ti en ese sentido. Para los puros, todas las cosas son puras; para la base, todas las cosas son base.

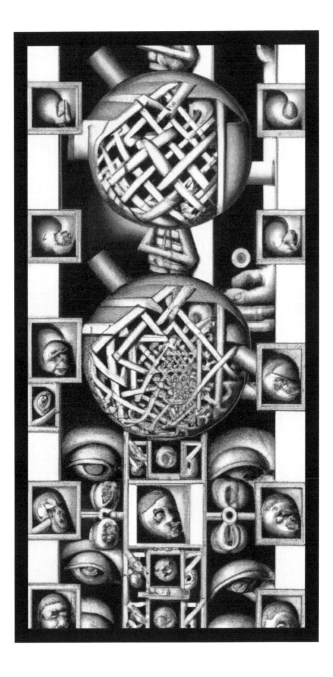

CAPÍTULO III

TRANSMUTACIÓN MENTAL

«La mente (así como los metales y los elementos) puede ser transmutada, de estado a estado; de grado a grado; de condición a condición; de polo a polo; de vibración a vibración. La verdadera transmutación hermética es un arte mental.»

El Kybalión

Como hemos dicho, los hermetistas fueron los alquimistas, astrólogos y psicólogos originales, habiendo sido Hermes el fundador de estas escuelas de pensamiento. De la astrología ha surgido la astronomía moderna; de la alquimia ha surgido la química moderna; de la psicología mística ha surgido la psicología moderna de las escuelas. Pero no debe suponerse que los antiguos desconocían lo que las escuelas modernas suponen que es de su exclusiva y especial propiedad. Los registros grabados en las piedras del Antiguo Egipto muestran de manera concluyente que los antiguos tenían un conocimiento completo y completo de la astronomía, la misma construcción de las pirámides muestra la conexión entre su diseño y el estudio de la ciencia astronómica. Tampoco ignoraban la Química, pues los fragmentos de los escritos antiguos muestran que estaban familiarizados con las propiedades químicas de las cosas; de hecho, las antiguas teorías sobre la física están siendo lentamente verificadas por los últimos descubrimientos de la ciencia moderna, en particular los relacionados con la constitución de la materia. Tampoco debe suponerse que desconocían los llamados descubrimientos modernos en psicología; por el contrario, los egipcios eran especialmente hábiles en la ciencia de la Psicología, particularmente en las ramas que las escuelas modernas ignoran, pero que, sin embargo, son siendo descubierta bajo el nombre de "ciencia psíquica" que está dejando perplejos a los psicólogos de hoy, y haciéndolos admitir de mala gana que "después de todo, puede haber algo en ello".

La verdad es que por debajo de la química material, la astronomía y la psicología (es decir, la psicología en su fase de "acción-cerebral"), los antiguos poseían un conocimiento de astronomía trascendental, llamada astrología; de la química trascendental, llamada alquimia; de la psicología trascendental, llamada psicología mística. Poseían el Conocimiento Interior así como el Conocimiento Exterior, siendo este último el único que poseen los científicos modernos. Entre las muchas ramas secretas del conocimiento que poseían los hermetistas, estaba la conocida como Transmutación Mental, que constituye el tema de esta lección.

"Transmutación" es un término generalmente empleado para designar el antiguo arte de la transmutación de metales, particularmente de los metales básicos en oro. La palabra "Transmutar" significa "cambiar de una naturaleza, forma o sustancia a otra; transformar" (Webster), y en consecuencia, "Transmutación Mental" significa el arte de cambiar y transformar estados mentales, formas y condiciones, en otros. Entonces puede ver que la Transmutación Mental es el "Arte de la Química Mental", si le gusta el término, una forma de Psicología Mística práctica.

Pero esto significa mucho más de lo que parece en la superficie. La transmutación, la alquimia o la química en el plano mental son lo suficientemente importantes en sus efectos, sin duda, y si el arte se detuviera allí, seguiría siendo una de las ramas de estudio más importantes conocidas por el hombre. Pero esto es sólo el comienzo. ¡Veamos por qué!

El primero de los Siete Principios Herméticos es el Principio del Mentalismo, cuyo axioma es "EL TODO es Mente; el Universo es Mental", lo que significa que la Realidad Subyacente del Universo es la Mente; y el Universo mismo es Mental, es decir, "que existe en la Mente del TODO." Consideraremos este Principio en lecciones sucesivas, pero veamos el efecto del principio al suponerlo como verdadero.

Si lo Universal es Mental en su naturaleza, entonces la Transmutación Mental debe ser el arte de CAMBIAR LAS CONDICIONES DEL UNIVERSO, a lo largo de las líneas de Materia, Fuerza y Mente. Entonces ven, por lo tanto, que la Transmutación Mental es realmente la "Magia" de la cual los escritores antiguos tenían tanto que decir en sus obras místicas, y sobre la cual dieron tan pocas instrucciones prácticas. Si Todo es Mental, entonces el arte que le permite a uno transmutar las condiciones mentales debe convertir al Maestro en el controlador de las condiciones materiales, así como de las que ordinariamente se llaman "mentales".

De hecho, sólo los Alquimistas Mentales avanzados han sido capaces de alcanzar el grado de poder necesario para controlar las condiciones físicas más burdas, como el control de los elementos de la Naturaleza; la producción o el cese de las tempestades; la producción y cese de terremotos y otros grandes fenómenos físicos. Pero que tales hombres hayan existido y existan hoy en día, es un asunto de ferviente creencia para todos los ocultistas avanzados de todas las escuelas. Que los Maestros existen y tienen estos poderes, los mejores enseñantes aseguran a sus alumnos, habiendo tenido experiencias que los justifican en tal creencia y declaraciones. Estos Maestros no hacen exhibiciones públicas de sus poderes, sino que buscan aislarse de las multitudes de hombres, para poder abrirse camino mejor a lo largo del Sendero del Logro. Mencionamos su existencia, en este punto, meramente para llamar su atención sobre el hecho de que su poder es completamente Mental, y opera a lo largo de las líneas de la Transmutación Mental superior, bajo el Principio Hermético del Mentalismo. «El Universo es Mental»—El Kybalión.

Pero los estudiantes y hermetistas de menor grado que los Maestros, los Iniciados y los Maestros, pueden trabajar libremente en el Plano Mental, en la Transmutación Mental. De hecho todo lo que llamamos "fenómenos psíquicos"; "influencia mental"; "ciencia mental"; los "fenómenos del nuevo pensamiento", etc., opera según las mismas líneas generales, porque no hay sino un principio involucrado, sin importar el nombre con el que se llamen los fenómenos.

El estudiante y practicante de la Transmutación Mental trabaja en el Plano Mental, transmutando condiciones mentales, estados, etc., en otras, según diversas fórmulas, más o menos eficaces. Los diversos "tratamientos", "afirmaciones", "negaciones", etc., de las escuelas de la ciencia mental no son más que fórmulas, a menudo bastante imperfectas y acientíficas, del Arte Hermético. La mayoría de los practicantes modernos son bastante ignorantes en comparación con los maestros antiguos, ya que carecen del conocimiento fundamental sobre el cual se basa el trabajo.

Los métodos herméticos no sólo pueden cambiar o transmutar los estados mentales, etc., de uno mismo; pero también los estados de los demás pueden ser, y son, constantemente transmutados de la misma manera, generalmente inconscientemente, pero a menudo conscientemente por algún entendimiento de las leyes y principios, en los casos en que las personas afectadas no están informadas de los principios de autoprotección. Y más que esto, como saben muchos estudiantes y practicantes de la ciencia mental moderna, cada condición material que depende de las mentes de otras personas puede cambiarse o transmutarse de acuerdo con el deseo sincero, la voluntad y los "tratamientos" de la persona que desea cambiar las condiciones de vida. la vida. El público está tan generalmente informado acerca de estas cosas en la actualidad, que no consideramos necesario mencionarlas extensamente, nuestro propósito en este punto es meramente mostrar el Principio Hermético y el Arte que subyace en todas estas diversas formas de práctica, tanto buenas como malas, porque la fuerza puede usarse en direcciones opuestas de acuerdo con los Principios Herméticos de Polaridad.

En este librito declararemos los principios básicos de la Transmutación Mental, para que todo aquel que lea pueda captar los Principios Subyacentes y así poseer la Llave Maestra que abrirá las muchas puertas del Principio de Polaridad.

Procederemos ahora a una consideración del primero de los Siete Principios Herméticos—el Principio del Mentalismo, en el cual se explica la verdad de que «EL TODO es Mente; el Universo es Mental», en palabras de El Kybalión. Pedimos la atención cercana y el estudio cuidadoso de este gran Principio, por parte de nuestros estudiantes, porque es realmente el Principio Básico de toda la Filosofía Hermética, y del Arte Hermético de la Transmutación Mental.

\

CAPÍTULO IV

EL TODO

«Debajo y detrás del Universo de Tiempo, Espacio y Cambio, se encuentra siempre La Realidad Sustancial —la Verdad Fundamental.»

El Kybalión

"Sustancia" significa: "aquello que subyace a todas las manifestaciones externas; la esencia; la realidad esencial; la cosa en sí misma", etc. "Sustancial" significa: "realmente existente; siendo el elemento esencial; ser real", etc. "Realidad" significa: "el estado de ser real; verdadero, duradero; válido; fijo; permanente; real", etc

Debajo y detrás de todas las apariencias o manifestaciones externas, siempre debe haber una Realidad Sustancial. Esta es la Ley. El hombre, considerando el Universo, del cual es una unidad, no ve más que cambios en la materia, las fuerzas y los estados mentales. Ve que nada ES realmente, sino que todo SE ESTÁ CONVIRTIENDO Y CAMBIANDO. Nada se detiene, todo nace, crece, muere, en el mismo instante en que una cosa alcanza su altura, comienza a declinar, la ley del ritmo está en constante operación, no hay realidad, calidad duradera, fijeza o sustancialidad en nada. — nada es permanente excepto el Cambio. Ve que todas las cosas evolucionan a partir de otras cosas y se resuelven en otras cosas: una acción y una reacción constantes; entrada y salida; edificando y derribando; creación y destrucción; nacimiento, crecimiento y muerte. Nada perdura sino el Cambio. Y si es un hombre pensante, se da cuenta de que todas estas cosas cambiantes deben ser solo apariencias externas o manifestaciones de algún Poder Subyacente, alguna Realidad Sustancial.

Todos los pensadores, en todos los países y en todos los tiempos, han asumido la necesidad de postular la existencia de esta Realidad Sustancial. Todas las filosofías dignas de ese nombre se han basado en este pensamiento. Los hombres le han dado a esta Realidad Sustancial muchos nombres, algunos la han llamado por el término de Deidad (bajo muchos títulos); otros la han llamado "La Energía Infinita y Eterna"; otros han intentado llamarlo "Materia", pero todos han reconocido su existencia. Es evidente, no necesita argumento.

En estas lecciones hemos seguido el ejemplo de algunos de los más grandes pensadores del mundo, tanto antiguos como modernos, los Maestros Herméticos, y hemos llamado a este Poder Subyacente, esta Realidad Sustancial, con el nombre hermético de "EL TODO", término que consideramos el más comprensivo de los muchos términos aplicados por el Hombre a AQUELLO que trasciende nombres y términos.

Aceptamos y enseñamos el punto de vista de los grandes pensadores herméticos de todos los tiempos, así como el de aquellas almas iluminadas que han alcanzado planos superiores del ser, quienes afirman que la naturaleza interna del TODO es INCOGNOSCIBLE. Esto debe ser así, porque nada por EL TODO en sí mismo puede comprender su propia naturaleza y ser.

Los hermetistas creen y enseñan que EL TODO, "en sí mismo", es y debe ser siempre incognoscible. Consideran todas las teorías, conjeturas y especulaciones de los teólogos y metafísicos acerca de la naturaleza interna del TODO, como simples esfuerzos infantiles de las mentes mortales para comprender el secreto del Infinito. Dichos esfuerzos siempre han fracasado y siempre fracasarán, por la propia naturaleza de la tarea. Alguien que persigue tales investigaciones viaja una y otra vez en el laberinto del pensamiento, hasta que se pierde de todo razonamiento, acción o conducta cuerdos, y queda completamente incapacitado para el trabajo de la vida. Es como la ardilla que corre frenéticamente alrededor y alrededor de la rueda circular de su jaula, viajando sin parar y sin llegar a ninguna parte; al final sigue siendo un prisionero y permanece justo donde comenzó.

Y aún más presuntuosos son aquellos que intentan atribuir al TODO la personalidad, cualidades, propiedades, características y atributos de sí mismos, atribuyéndole al TODO las emociones, sentimientos y características humanas, incluso las más insignificantes cualidades de la humanidad, como los celos, la susceptibilidad a la adulación y la alabanza, el deseo de ofrendas y adoración, y todas las demás supervivencias de los días de la infancia de la raza. Tales ideas no son dignas de hombres y mujeres adultos, y rápidamente están siendo descartadas.

(En este punto, puede ser apropiado para mí afirmar que hacemos una distinción entre Religión y Teología, entre Filosofía y Metafísica. Religión, para nosotros, significa esa comprensión intuitiva de la existencia del TODO, y la relación de uno con él; mientras que Teología significa los intentos de los hombres por atribuirle personalidad, cualidades y características; sus teorías con respecto a sus asuntos, voluntad, deseos, planes y designios; y su asunción del oficio de "intermediarios" entre EL TODO y el pueblo. Filosofía, para nosotros, significa la búsqueda del conocimiento de las cosas cognoscibles y pensables; mientras que Metafísica significa el intento de llevar la investigación más allá de los límites y hacia regiones incognoscibles e impensables, y con la misma tendencia que la Teología. Y en consecuencia, tanto la Religión como la Filosofía significan para nosotros cosas que tienen raíces en la Realidad, mientras que la Teología y la Metafísica parecen cañas rotas, enraizadas en las arenas movedizas de la ignorancia, y que no brindan más que el apoyo más inseguro para la mente o el alma del Hombre. No insistimos en que nuestros estudiantes acepten estas definiciones; las mencionamos simplemente para mostrar nuestra posición. De todos modos, escuchará muy poco sobre teología y metafísica en estas lecciones).

Pero mientras la naturaleza esencial de EL TODO es Incognoscible, existen ciertas verdades relacionadas con su existencia que la mente humana se ve obligada a aceptar. Y un examen de estos informes constituye un tema de investigación adecuado, particularmente porque concuerdan con los informes de los Iluminados en planos superiores. Y a esta indagación los invitamos ahora.

Pero mientras que la naturaleza esencial de EL TODO es incognoscible, hay ciertas verdades conectadas con su existencia que la mente humana se encuentra compelida a aceptar. Y un examen de estos dictámenes forma un tema de investigación apropiado, particularmente por cuanto que coinciden con los dictámenes de los iluminados en los planos superiores. Y a esta investigación los invitamos ahora.

> «Aquello que es la verdad fundamental —la realidad sustancial— está más allá del verdadero nombre, pero los sabios lo llaman EL TODO.»
> El Kybalión

> «En su esencia, EL TODO es INCOGNOSCIBLE.»
> El Kybalión

> «Pero, el reporte de la razón debe ser recibido con hospitalidad, y tratado con respeto.»
> El Kybalión

La razón humana, cuyos informes debemos aceptar mientras pensemos, nos informa con respecto al Todo de la siguiente manera, y eso sin intentar quitar el velo de lo Incognoscible:

1. EL TODO debe ser TODO lo que EN REALIDAD ES. No puede haber nada que exista fuera de EL TODO, de lo contrario, EL TODO no sería EL TODO.

2. EL TODO debe ser INFINITO, ya que no hay nada más que defina, confine, limite o restrinja EL TODO. Debe ser Infinito en el Tiempo, o ETERNO, debe haber existido siempre de forma continua, porque no hay nada más que lo haya creado, y algo nunca puede evolucionar de la nada, y si alguna vez "no hubiera sido", incluso por un tiempo. momento, no "sería" ahora, debe existir continuamente para siempre, porque no hay nada que lo destruya, y nunca puede "no-ser", ni siquiera por un momento porque algo nunca puede convertirse en nada. Debe ser Infinito en el Espacio, debe estar en Todas Partes, porque no hay lugar fuera de EL TODO, no puede ser de otra manera que continuo en el Espacio, sin ruptura, cesación, separación o interrupción, porque no hay nada que romper, separar, o interrumpir su continuidad, y nada con lo que "llenar los vacíos". Debe ser Infinito en Poder, o Absoluto, porque no hay nada que lo limite, restrinja, restrinja, confine, perturbe o condicione; no está sujeto a ningún otro Poder, porque no hay otro Poder.

3. EL TODO debe ser INMUTABLE, o no estar sujeto a cambios en su naturaleza real, porque no hay nada que produzca cambios en él; nada en lo que pudiera cambiar, ni a partir de lo cual pudiera haber cambiado. No se le puede sumar ni sustraer; aumentar o disminuir;

ni hacerse mayor o menor en ningún aspecto. Siempre debe haber sido, y siempre debe permanecer, exactamente lo que es ahora: EL TODO; nunca ha habido, no hay ahora, y nunca habrá, nada más en lo que pueda cambiar.

Siendo el Todo Infinito, Absoluto, Eterno e Inmutable, debe seguirse que cualquier cosa finita, cambiable, fugaz y condicionada no puede ser EL TODO. Y como no hay Nada fuera del Todo, en la Realidad, entonces todas y cada una de esas cosas finitas deben ser como Nada en la Realidad. Ahora, no se confundan ni se asusten; no estamos tratando de guiarlos al campo de la Ciencia Cristiana bajo el manto de la Filosofía Hermética. Hay una Reconciliación de este aparentemente contradictorio estado de cosas. Tengan paciencia que ya llegaremos a ello, a su tiempo.

Vemos a nuestro alrededor eso que se llama "Materia", que forma la base física de todas las formas. ¿Es EL TODO meramente Materia? ¡Para nada! La materia no puede manifestar Vida o Mente, y como la Vida y la Mente se manifiestan en el Universo, EL TODO no puede ser Materia, porque nada se eleva más alto que su propia fuente—nada se manifiesta jamás en un efecto que no está en la causa—nada evoluciona como un consecuente que no interviene como antecedente. Y luego la Ciencia Moderna nos informa que en realidad no existe tal cosa como la Materia, que lo que llamamos Materia es meramente "energía o fuerza interrumpida", es decir, energía o fuerza a un bajo índice de vibración. Como ha dicho un escritor reciente, "la materia se ha fundido en misterio". Incluso la Ciencia de los Materiales ha abandonado la teoría de la Materia y ahora se basa en la "Energía".

¿Entonces EL TODO es mera Energía o Fuerza? No Energía o Fuerza como los materialistas usan los términos, porque su energía y fuerza son cosas ciegas, mecánicas, desprovistas de Vida o Mente. La Vida y la Mente nunca pueden evolucionar a partir de Energía o Fuerza ciegas, por la razón dada hace un momento: "Nada puede elevarse más alto que su fuente, nada evoluciona a menos que esté involucrado, nada se manifiesta en el efecto, a menos que esté en la causa." Y entonces EL TODO no puede ser mera Energía o Fuerza, porque, si lo fuera, entonces no existirían cosas tales como la Vida y la Mente, y sabemos mejor que eso, porque estamos Vivos y usamos la Mente para considerar esta misma pregunta, e igual sucede con aquellos que afirman que la Energía o la Fuerza lo es Todo.

Entonces, ¿qué hay más alto que la Materia o la Energía que sabemos que existe en el Universo? ¡VIDA Y MENTE! ¡Vida y Mente en todos sus diversos grados de desarrollo! "Entonces", preguntarán, "¿quieres decirnos que EL TODO es VIDA y MENTE?" ¡Sí! ¡y no! es nuestra respuesta. Si te refieres a la Vida y la Mente como las conocemos los pobres pequeños mortales, decimos ¡No! ¡EL TODO no es eso! "Pero, ¿a qué tipo de Vida y Mente te refieres?", se preguntan.

La respuesta es "MENTE VIVIENTE, tan por encima de lo que los mortales conocen por esas palabras, como la Vida y la Mente son más altas que las fuerzas mecánicas o la materia: la MENTE VIVIENTE INFINITA en comparación con la Vida y la Mente finitas". Nos referimos a lo que las almas iluminadas quieren decir cuando pronuncian con reverencia la palabra: "¡ESPÍRITU!"

«EL TODO» es mente viviente infinita. ¡El iluminado lo llama ESPÍRITU!

CAPÍTULO V

EL UNIVERSO MENTAL

«El universo es mental, sostenido en la mente de EL TODO.»

El Kybalión

¡EL TODO es ESPÍRITU! Pero ¿qué es espíritu? Esta pregunta no puede ser respondida, en razón de que su definición es prácticamente la de EL TODO, que no puede ser explicado ni definido.

Espíritu es simplemente un nombre que los hombres le dan a la concepción más alta de la Mente Viviente Infinita—significa "la Esencia Real"—significa Mente Viviente, tan superior a la Vida y a la Mente como las conocemos, ya que estas últimas son superiores a la Energía mecánica. y Materia. Espíritu trasciende nuestro entendimiento, y usamos el término simplemente para poder pensar o hablar de EL TODO. A los efectos del pensamiento y la comprensión, estamos justificados al pensar en el Espíritu como una Mente Viviente Infinita, al mismo tiempo que reconocemos que no podemos entenderlo por completo. O hacemos esto o dejamos de pensar en el asunto. Pasemos ahora a una consideración de la naturaleza del Universo, en su totalidad y en sus partes. ¿Qué es el Universo? Hemos visto que no puede haber nada fuera de EL TODO.

Entonces, ¿el Universo es EL TODO? No, esto no puede ser, porque el Universo parece estar hecho de MUCHOS, y está en constante cambio, y en otros aspectos no está a la altura de las ideas que estamos obligados a aceptar sobre EL TODO, como se expresó en nuestra última lección. Entonces, si el Universo no es EL TODO, entonces debe ser Nada; tal es la conclusión inevitable de la mente al primer pensamiento. Pero esto no satisfará la pregunta, porque somos conscientes de la existencia del Universo. Entonces, si el Universo no es ni EL TODO ni la Nada, ¿qué puede ser? Examinemos esta cuestión.

Si el Universo existe en absoluto, o parece existir, debe proceder de alguna manera de EL TODO: debe ser una creación de EL TODO. Pero como algo nunca puede venir de la nada, ¿de qué pudo haberlo creado EL TODO? Algunos filósofos han respondido a esta pregunta diciendo que EL TODO creó el Universo a partir de sí mismo, es decir, del ser y sustancia de EL TODO. Pero esto no funcionará, porque EL TODO no puede ser sustraído ni dividido, como hemos visto, y si esto fuera así, ¿no sería consciente cada partícula del Universo de que es EL TODO? EL TODO no podría perder el conocimiento de sí mismo, ni CONVERTIRSE realmente en un átomo, o una fuerza ciega, o una cosa viviente inferior. Algunos hombres, en efecto, dándose cuenta de que EL TODO es en verdad todo, y reconociendo también que ellos, los hombres, existían, han saltado a la conclusión de que ellos y EL TODO eran idénticos, y han llenado el aire con gritos de "Yo soy Dios ", para diversión de la multitud y tristeza de los sabios. La pretensión del corpúsculo de que: "¡Yo soy Hombre!" sería modesto en comparación.

Pero, ¿qué es en verdad el Universo, si no es EL TODO, aún no creado por EL TODO habiéndose separado en fragmentos? ¿De qué otra cosa puede ser? ¿De qué otra cosa puede estar hecho? Esta es la gran pregunta. Examinémoslo detenidamente. Encontramos aquí que el "Principio de Correspondencia"[1] viene en nuestra ayuda. El viejo axioma hermético, "Como es arriba es abajo", puede ponerse en servicio en este punto. Esforcémonos por vislumbrar el funcionamiento de los planos superiores examinándolos por nuestra cuenta. El Principio de Correspondencia debe aplicarse tanto a este como a otros problemas.

Vamos a ver, en su propio plano de ser, ¿cómo crea el Hombre? Bueno, en primer lugar, puede crear algo con materiales externos. Pero esto no funcionará, porque no hay materiales fuera de EL TODO con los que pueda crear. Bien, entonces, en segundo lugar, el hombre procrea o reproduce su especie por el proceso de engendrar, que es la automultiplicación realizada mediante la transferencia de una parte de su sustancia a su descendencia. Pero esto no servirá, porque EL TODO no puede transferir o sustraer una parte de sí mismo, ni puede reproducirse o multiplicarse, en primer lugar sería una sustracción, y en el segundo caso una multiplicación o adición a EL TODO, ambos pensamientos son un absurdo. ¿No existe una tercera forma en la que el HOMBRE crea? Sí, la hay, ¡él CREA

---

[1] Ver página 23.

MENTALMENTE! Y al hacerlo, no usa materiales externos, ni se reproduce a sí mismo, y sin embargo, su Espíritu impregna la Creación Mental.

Siguiendo el Principio de Correspondencia, estamos justificados al considerar que EL TODO crea el Universo MENTALMENTE, de manera similar al proceso por el cual el Hombre crea Imágenes Mentales. Y aquí es donde el informe de la Razón coincide precisamente con el informe de los Iluminados, como lo muestran sus enseñanzas y escritos. Tales son las enseñanzas de los Sabios. Tal fue la Enseñanza de Hermes.

EL TODO no puede crear de otra manera que mentalmente, sin usar material (y no hay nada que usar), o sin reproducirse (lo cual también es imposible). No hay escapatoria a esta conclusión de la Razón que, como hemos dicho, concuerda con las más altas enseñanzas de los Iluminados. Así como tú, estudiante, puedes crear un Universo propio en tu mentalidad, así EL TODO crea Universos en su propia Mentalidad. Pero, tu Universo es la creación mental de una Mente Finita, mientras que el de EL TODO es la creación de un Infinito. Los dos son similares en especie, pero infinitamente diferentes en grado. A medida que avancemos, examinaremos más de cerca el proceso de creación y manifestación. Pero este es el punto que deben fijar en sus mentes en esta etapa: EL UNIVERSO, Y TODO LO QUE CONTIENE, ES UNA CREACIÓN MENTAL DEL TODO. ¡En verdad, en verdad, ¡TODO ES MENTE!

«EL TODO crea en su mente infinita innumerables universos, que existen por eones de tiempo; y sin

> embargo, para EL TODO, la creación, desarrollo, declinación y muerte de un millón de universos es como el tiempo del parpadeo de un ojo.»
>
> El Kybalión

> «La mente infinita de EL TODO es la matriz de los universos.»
>
> El Kybalión

El principio de género[2] se manifiesta en todos los planos de la vida, material, mental y espiritual. Pero, como hemos dicho antes, "Género" no significa "Sexo" —el sexo es meramente una manifestación material del género. "Género" significa "relativo a la generación o creación". Y dondequiera que se genere o se cree algo, en cualquier plano, debe manifestarse el Principio de Género. Y esto es cierto incluso en la creación de Universos.

Ahora bien, no salten a la conclusión de que estamos enseñando que hay un Dios o Creador masculino y femenino. Esa idea es simplemente una distorsión de las antiguas enseñanzas sobre el tema. La verdadera enseñanza es que EL TODO, en sí mismo, está por encima del Género, como lo está por encima de cualquier otra Ley, incluidas las del Tiempo y el Espacio. Es la Ley, de la que proceden las Leyes, y no está sujeta a ellas. Pero cuando EL TODO se manifiesta en el plano de generación o creación, entonces actúa según la Ley y el Principio, porque se mueve en un plano inferior del Ser. Y en consecuencia manifiesta el

---

[2] Ver página 32, y otras que seguirán.

Principio de Género, en sus aspectos Masculino y Femenino, en el Plano Mental, por supuesto.

Esta idea puede parecer sorprendente para algunos de ustedes que la escuchan por primera vez, pero realmente todos la han aceptado pasivamente en sus concepciones cotidianas. Hablas de la Paternidad de Dios y de la Maternidad de la Naturaleza —de Dios, el Padre Divino, y de la Naturaleza, la Madre Universal — y así has reconocido instintivamente el Principio del Género en el Universo. ¿No es así?

Pero, la enseñanza Hermética no implica una dualidad real —EL TODO es UNO— los Dos Aspectos son meramente aspectos de la manifestación. La enseñanza es que El Principio Masculino manifestado por EL TODO permanece, en cierto modo, aparte de la creación mental real del Universo. Proyecta su Voluntad hacia el Principio Femenino (que puede llamarse "Naturaleza") con lo cual este último comienza el trabajo real de la evolución del Universo, desde simples "centros de actividad" hacia el hombre, y luego más y más, aún más arriba, todo de acuerdo con las Leyes de la NATURALEZA bien establecidas y firmemente aplicadas. Si prefieres las viejas figuras de pensamiento, puedes pensar en el Principio Masculino como Dios, el Padre, y en el Principio Femenino como la Naturaleza, la Madre Universal, de cuyo vientre han nacido todas las cosas. Esto es más que una mera figura poética del lenguaje: es una idea del proceso real de la creación del Universo. Pero recuerda siempre, que EL TODO es Uno, y que en su Mente Infinita se genera, se crea y existe el Universo.

Puede que te ayude a tener la idea correcta si aplicas la Ley de Correspondencia a ti mismo y a tu propia mente. Sabes que la parte de Ti que llamas "yo", en cierto sentido, se mantiene aparte y es testigo de la creación de imágenes mentales en tu propia mente. La parte de su mente en la que se lleva a cabo la generación mental puede llamarse el "Yo" a diferencia del "Yo" que permanece aparte y atestigua y examina los pensamientos, ideas e imágenes del "Yo". "Como es arriba, es abajo", recuerda, y los fenómenos de un plano pueden emplearse para resolver los enigmas de los planos superiores o inferiores.

¿Es de extrañar que Tú, el niño, sientas esa reverencia instintiva por EL TODO, ese sentimiento que llamamos "religión", ese respeto y reverencia por La MENTE DEL PADRE? ¿Es de extrañar que, cuando consideras las obras y maravillas de la Naturaleza, te invada un poderoso sentimiento que tiene sus raíces en lo más profundo de tu ser? Es a la MENTE MATERNA a la que te acercas, como un bebé al pecho.

No cometan el error de suponer que el pequeño mundo que ven a su alrededor —la Tierra, que es un simple grano de polvo en el Universo— es el Universo mismo. Hay millones y millones de tales mundos, y más grandes. Y existen millones de millones de tales Universos dentro de la Mente Infinita del Todo. E incluso en nuestro propio pequeño sistema solar hay regiones y planos de vida mucho más elevados que el nuestro, y seres comparados con los cuales nosotros, los mortales atados a la tierra, somos como las viscosas formas de vida que moran en el lecho del océano en comparación con el Hombre. Hay seres con poderes y atributos superiores a los que el hombre jamás ha soñado poseer por parte de los dioses. Y, sin embargo, estos seres fueron una vez como ustedes, y aún más bajos, y ustedes serán como ellos, y aún más altos, con el tiempo, porque tal es el Destino del Hombre tal como lo informan los iluminados.

Y la Muerte no es real, ni siquiera en el sentido Relativo, es simplemente el Nacimiento a una nueva vida, y Tú seguirás, y seguirás, y seguirás, a planos de vida cada vez más altos, durante eones y eones de tiempo. El Universo es tu hogar, y explorarás sus rincones más remotos antes del final de los Tiempos. Estás habitando en la Mente Infinita de EL TODO, y tus posibilidades y oportunidades son infinitas, tanto en el tiempo como en el espacio. Y al final del Gran Ciclo de los Aeones, cuando EL TODO atraiga hacia sí mismo todas sus creaciones, irás con gusto, porque entonces podrás conocer la Verdad Completa de ser Uno con EL TODO. Tal es el informe de los iluminados, aquellos que han avanzado bien a lo largo del Sendero.

Y, mientras tanto, descansa tranquilo y sereno, estás a salvo y protegido por el Poder Infinito del Padre-Madre-Mente.

«Dentro del padre-madre mente, los niños
mortales están en el hogar.»
El Kybalión

«No hay uno que sea huérfano de padre, ni huérfano de madre en el universo.»

El Kybalión

CAPÍTULO VI

LA PARADOJA DIVINA

«Los medio sabios, reconociendo la relativa irrealidad del Universo, imaginan que pueden desafiar sus Leyes; son tontos vanidosos y presuntuosos, y son aplastados contra las rocas y desgarrados por los elementos a causa de su locura. Los verdaderamente sabios, conociendo la naturaleza del Universo, usan la Ley contra las leyes; lo superior contra lo inferior; y por el Arte de la Alquimia transmutan lo que es indeseable en lo que es digno, y así triunfan. La maestría no consiste en sueños anormales, visiones e imaginaciones o vidas fantásticas, sino en usar las fuerzas superiores contra las inferiores, escapando de los dolores de los planos inferiores al vibrar en los superiores. La transmutación, y no la negación presuntuosa, es el arma del Maestro..»

El Kybalión

Esta es la Paradoja del Universo, que resulta del Principio de Polaridad que se manifiesta cuando EL TODO comienza a Crear; escúchenla porque señala la diferencia entre la sabiduría a medias y la sabiduría. Mientras que para EL TODO INFINITO, el Universo, sus Leyes, sus Poderes, su Vida, sus Fenómenos, son como cosas atestiguadas en el estado de Meditación o Sueño; para todo lo que es Finito, el Universo debe ser tratado como Real, y la vida, la acción y el pensamiento deben basarse en ello, en consecuencia, aunque siempre con una comprensión de la Verdad Superior. Cada uno según su propio Plano y Leyes. Si EL TODO imaginara que el Universo es de hecho Realidad, entonces ¡ay del Universo, porque entonces no habría escape de lo inferior a lo superior, hacia lo divino! Entonces el Universo se volvería fijo y el progreso se volvería imposible. Y si el Hombre, debido a la sabiduría a medias, actúa, vive y piensa en el Universo como un mero sueño (similar a sus propios sueños finitos), entonces en verdad se vuelve así para él, y como un sonámbulo, tropieza siempre alrededor y dando vueltas en círculo, sin progresar, y finalmente siendo forzado a despertar por su caída, magullado, y sangrando sobre las Leyes Naturales que ignoró. Mantén tu mente siempre en la Estrella, pero deja que tus ojos vigilen tus pasos, no sea que caigas en el fango por causa de tu mirada altiva. Recuerda la Paradoja Divina, que mientras el Universo NO ES, todavía ES. Recuerda siempre los Dos Polos de la Verdad: el Absoluto y el Relativo. Cuidado con las verdades a medias.

Lo que los hermetistas conocen como "la Ley de la Paradoja" es un aspecto del Principio de Polaridad. Los escritos herméticos están repletos de referencias a la aparición de la Paradoja en la consideración de los problemas de la Vida y del Ser. Los Maestros advierten constantemente a sus alumnos contra el error de omitir el "otro lado" de cualquier pregunta. Y sus advertencias se dirigen particularmente a los problemas de lo Absoluto y lo Relativo, que desconciertan a todos los estudiantes de filosofía y que hacen que muchos piensen y actúen en contra de lo que generalmente se conoce como "sentido común". "Y advertimos a todos los estudiantes que se aseguren de comprender la Paradoja Divina de lo Absoluto y lo Relativo, para que no se enreden en el fango de la Verdad a Medias. Con esto en mente, esta lección en particular ha sido escrita. ¡Léanla detenidamente!

El primer pensamiento que le viene al hombre pensante después de darse cuenta de la verdad de que el Universo es una Creación Mental de EL TODO, es que el Universo y todo lo que contiene es una mera ilusión; una irrealidad; contra cuya idea se rebelan sus instintos. Pero esto, como todas las otras grandes verdades, debe ser considerado tanto desde el punto de vista Absoluto como el Relativo. Desde el punto de vista Absoluto, por supuesto, el Universo tiene la naturaleza de una ilusión, un sueño, una fantasmagoría, en comparación con EL TODO en sí mismo. Reconocemos esto incluso en nuestra visión ordinaria, porque hablamos del mundo como "un espectáculo fugaz" que viene y va, nace y muere, porque el elemento de impermanencia y cambio, finitud e insustancialidad, siempre debe estar conectado con la idea. de un Universo creado cuando se contrasta con la idea de EL TODO, sin importar cuáles sean nuestras creencias acerca de la naturaleza de ambos. Filósofos, metafísicos, científicos y teólogos todos están de acuerdo en esta idea, y el pensamiento se encuentra en todas las formas de pensamiento filosófico y concepciones religiosas, así como en las teorías de las respectivas escuelas de metafísica y teología.

Por lo tanto, las Enseñanzas Herméticas no predican la insustancialidad del Universo en términos más fuertes que los que le son más familiares, aunque su presentación del tema puede parecer algo más sorprendente. Todo lo que tiene un principio y un final debe ser, en cierto sentido, irreal y falso, y el Universo está bajo la regla, en todas las escuelas de pensamiento. Desde el punto de vista Absoluto, no hay nada Real excepto EL TODO, sin importar los términos que podamos usar al pensar o discutir el tema. Ya sea que el Universo sea creado a partir de la Materia, o que sea una Creación Mental en la Mente de EL TODO, es insustancial, no perdurable, una cosa de tiempo, espacio y cambio. Queremos que se den cuenta de este hecho a fondo, antes de emitir un juicio sobre la concepción Hermética de la naturaleza Mental del Universo. Reflexionen sobre cualquiera y todas las demás concepciones, y vean si esto no es cierto para ellas.

Pero el punto de vista Absoluto muestra meramente un lado de la imagen, el otro lado es el Relativo. La Verdad Absoluta ha sido definida como "las cosas tal como las conoce la mente de Dios", mientras que la Verdad Relativa es "las cosas tal como las entiende la más alta razón del Hombre". Y así, mientras que para EL TODO el Universo debe ser irreal e ilusorio, un mero sueño o resultado de la meditación, sin embargo, para las mentes finitas que forman parte de ese Universo, y que lo ven a través de facultades mortales, el Universo es verdaderamente muy real, y así debe ser considerado. Al reconocer el punto de vista Absoluto, no debemos cometer el error de ignorar o negar los hechos y fenómenos del Universo tal como se presentan a nuestras facultades mortales; recuerden, no somos EL TODO.

Para tomar ejemplos familiares, todos reconocemos el hecho de que la Materia "existe" para nuestros sentidos; nos irá mal si no lo hacemos. Y, sin embargo, incluso nuestras mentes finitas entienden el dicho científico de que no existe tal cosa como la Materia desde un punto de vista científico: lo que llamamos Materia se considera simplemente una agregación de átomos, átomos que en sí mismos son simplemente una agrupación de unidades. de fuerza, llamados electrones o "iones", vibrando y en constante movimiento circular. Damos una patada a una piedra y sentimos el impacto; parece ser real, a pesar de que sabemos que es simplemente lo que hemos dicho anteriormente. Pero recordad que nuestro pie, que siente el impacto por medio de nuestro cerebro, es igualmente Materia, constituida de electrones, y también lo son nuestros cerebros. Y, en el mejor de los casos, si no fuera por razón de nuestra Mente, no conoceríamos en absoluto el pie o la piedra.

Por otra parte, el ideal que el artista o escultor se esfuerza por reproducir en piedra o en lienzo, le parece muy real. Lo mismo ocurre con los personajes en la mente del autor o dramaturgo, que busca expresar para que otros puedan reconocerlos. Y si esto es cierto en el caso de nuestras mentes finitas, ¡cuál debe ser el grado de Realidad de las Imágenes Mentales creadas en la Mente del Infinito! Oh, amigos, para los mortales este

Universo de la Mentalidad es verdaderamente muy real; es el único que podemos conocer, aunque nos elevemos de un plano a otro, más y más alto en él. Para saberlo de otro modo, por experiencia real, debemos ser EL TODO mismo. Es cierto que cuanto más nos elevamos en la escala, cuanto más nos acercamos a "la mente del Padre", más aparente se vuelve la naturaleza ilusoria de las cosas finitas, pero no es hasta que EL TODO finalmente se retrae en sí mismo que la visión de hecho desaparece.

Por lo tanto, no es necesario que nos detengamos en la característica de la ilusión. Más bien, reconociendo la verdadera naturaleza del Universo, procuremos comprender sus leyes mentales y esforcémonos por usarlas con el mejor efecto en nuestro progreso ascendente a través de la vida, mientras viajamos de un plano a otro del ser. Las Leyes del Universo son, sin embargo, "Leyes de Hierro" debido a la naturaleza mental. Todos, excepto EL TODO, están obligados por ellos. Lo que está EN LA MENTE INFINITA DEL TODO es REAL en un grado sólo superado por esa Realidad misma que está investida en la naturaleza de EL TODO.

Por lo tanto, no se sientan inseguros ni asustados: todos ESTAMOS FIRMEMENTE SUJETOS A LA MENTE INFINITA DEL TODO, y no hay nada que nos lastime o debamos temer. No hay Poder fuera de EL TODO que nos afecte. Así que podemos descansar tranquilos y seguros. Hay un mundo de comodidad y seguridad al darse cuenta de esto. Luego, "tranquilos y pacíficos dormimos, mecidos en la Cuna de lo Profundo", descansando seguros en el seno del Océano de la Mente Infinita, que es EL TODO. En EL TODO, de hecho, "vivimos, nos movemos y tenemos nuestro ser".

No obstante, la Materia es Materia para nosotros, mientras moramos en el plano de la Materia, aunque sabemos que es meramente una agregación de "electrones", o partículas de Fuerza, que vibran rápidamente y giran unas alrededor de otras en formaciones de átomos; los átomos, a su vez, vibran y giran, formando moléculas, que a su vez forman masas más grandes de Materia. La Materia tampoco se vuelve menos Materia, cuando seguimos la investigación aún más y aprendemos de las Enseñanzas Herméticas, que la "Fuerza" de la cual los electrones no son más que unidades es meramente una manifestación de la Mente de EL TODO, y como todo lo demás en el Universo es puramente Mental en su naturaleza. Mientras estamos en el Plano de la Materia, debemos reconocer sus fenómenos; podemos controlar la Materia (como lo hacen todos los Maestros de mayor o menor grado), pero lo hacemos aplicando las fuerzas superiores. Cometemos una locura cuando intentamos negar la existencia de la Materia en el aspecto relativo. Podemos negar su dominio sobre nosotros, y con razón, pero no debemos intentar ignorarlo en su aspecto relativo, al menos mientras nos detengamos en su plano.

Tampoco las Leyes de la Naturaleza se vuelven menos constantes o efectivas, cuando las conocemos, igualmente, como meras creaciones mentales. Están en pleno efecto en los diversos planos. Superamos las leyes inferiores aplicando leyes aún más elevadas, y sólo de esta manera. Pero no podemos escapar de la Ley o elevarnos por encima de ella por completo. Nada excepto EL TODO puede escapar a la Ley, y eso porque EL TODO es la LEY misma, de la cual emergen todas las Leyes. Los Maestros más avanzados pueden adquirir los poderes habitualmente atribuidos a los dioses de los hombres; y hay innumerables rangos de seres, en la gran jerarquía de la vida, cuyo ser y poder trasciende incluso el de los Maestros más altos entre los hombres en un grado impensable para los mortales, pero incluso el Maestro más alto, y el Ser más alto, debe inclinarse ante el Ley, y ser como la Nada a los ojos de EL TODO. De modo que si incluso estos Seres supremos, cuyos poderes exceden incluso los atribuidos por los hombres a sus dioses, si incluso estos están sujetos y están subordinados a la Ley, entonces imaginen la presunción del hombre mortal, de nuestra raza y grado, cuando se atreve a considerar las Leyes de la Naturaleza como "irreales", visionarias e ilusorias, porque resulta ser capaz de captar la verdad de que las Leyes son de naturaleza Mental, y simplemente Creaciones Mentales de EL TODO. Aquellas Leyes que EL TODO pretende sean las Leyes regentes no deben ser desafiadas o discutidas. Mientras el Universo perdure, ellas perdurarán, porque el Universo existe en virtud de estas Leyes que forman su estructura y que lo mantienen unido.

El Principio Hermético del Mentalismo, aunque explica la verdadera naturaleza del Universo sobre el principio de que todo es Mental, no cambia las concepciones científicas del Universo, la Vida o la

Evolución. De hecho, la ciencia meramente corrobora las Enseñanzas Herméticas. Estas últimas enseñan simplemente que la naturaleza del Universo es "Mental", mientras que la ciencia moderna ha enseñado que es "Material"; o (últimamente) que en última instancia es "Energía". Las Enseñanzas Herméticas no tienen ningún defecto en encontrar el principio básico de Herbert Spencer que postula la existencia de una "Energía Infinita y Eterna, de la cual proceden todas las cosas". De hecho, los Herméticos reconocen en la filosofía de Spencer la más alta declaración externa del funcionamiento de las Leyes Naturales que jamás haya sido promulgada, y creen que Spencer fue una reencarnación de un antiguo filósofo que habitó en el antiguo Egipto hace miles de años, y quien más tarde encarnó como Heráclito, el filósofo griego que vivió en el año 500 A.C. Y ellos consideran su declaración de la "Energía Infinita y Eterna" directamente en la línea de las Enseñanzas Herméticas, siempre con la adición de su propia doctrina de que su "Energía" es la Energía de la Mente de EL TODO. Con la Llave Maestra de la Filosofía Hermética, el estudiante de Spencer podrá abrir muchas puertas de las concepciones filosóficas internas del gran filósofo inglés, cuya obra muestra los resultados de la preparación de sus encarnaciones anteriores. Sus enseñanzas sobre la Evolución y el Ritmo están en casi perfecto acuerdo con las Enseñanzas Herméticas sobre el Principio del Ritmo.

Por lo tanto, el estudiante de Hermética no necesita dejar de lado ninguno de sus preciados puntos de vista científicos sobre el Universo. Todo lo que se le pide que haga es captar el principio subyacente de "EL TODO es

Mente; el Universo es Mental, sostenido en la Mente de EL TODO." Descubrirá que los otros seis de los Siete Principios "encajarán" en su conocimiento científico y servirán para resaltar puntos oscuros y arrojar luz en rincones oscuros. Esto no debe sorprendernos cuando nos damos cuenta de la influencia del pensamiento hermético en los primeros filósofos de Grecia, sobre cuyos cimientos de pensamiento descansan en gran medida las teorías de la ciencia moderna. La aceptación del Primer Principio Hermético (Mentalismo) es el único gran punto de diferencia entre la Ciencia Moderna y los estudiantes Herméticos, y la Ciencia se está moviendo gradualmente hacia la posición Hermética al ir tanteando en la oscuridad buscando la salida del Laberinto al que se ha metido vagando en su búsqueda de la Realidad.

El propósito de esta lección es grabar en la mente de nuestros estudiantes el hecho de que, a todos los efectos, el Universo y sus leyes y sus fenómenos son tan REALES, en lo que respecta al Hombre, como lo serían. bajo las hipótesis del Materialismo o del *Energismo*. Bajo cualquier hipótesis, el Universo en su aspecto externo es cambiante, siempre fluyente y transitorio y, por lo tanto, desprovisto de sustancia y realidad. Pero (obsérvese el otro polo de la verdad) bajo cualquiera de las mismas hipótesis, estamos obligados a ACTUAR Y VIVIR como si las cosas fugaces fueran reales y sustanciales. Con esta diferencia, siempre, entre las diversas hipótesis: que bajo los viejos puntos de vista el Poder Mental era ignorado como una Fuerza Natural, mientras que bajo el Mentalismo se convierte en la Fuerza Natural Más Grande. Y esta única diferencia revoluciona la Vida, para quienes entienden el Principio y sus leyes y prácticas resultantes.

Finalmente, todos ustedes, estudiantes, aprovechen entonces la ventaja del Mentalismo y aprendan a conocer, usar y aplicar las leyes que de él resultan. Pero no cedan a la tentación que, como afirma El Kybalión, vence a los semi-sabios y les hace quedar hipnotizados por la aparente irrealidad de las cosas, con la consecuencia de que deambulan como soñadores habitantes de un mundo de sueños, ignorando el trabajo práctico y la vida del hombre, siendo el fin que "se rompen contra las rocas, y son desgarrados por los elementos, a causa de su locura". Más bien sigan el ejemplo de los sabios, que, lo dice la misma autoridad, "usan la Ley contra las Leyes; lo superior contra lo inferior; y por el Arte de la Alquimia transmutan lo que es indeseable en lo que es digno, y así triunfan." Siguiendo la autoridad, evitemos la sabiduría a medias (que es una locura) que ignora la verdad de que: "La maestría no consiste en sueños anormales, visiones e imaginaciones o vidas fantásticas, sino en usar las fuerzas superiores contra las inferiores, escapando de las dolores de los planos inferiores al vibrar en los superiores." Recuerda siempre, estudiante, que "La transmutación, no la negación presuntuosa, es el arma del Maestro". Las citas anteriores son de El Kybalión, y son dignas de ser memorizadas por el estudiante. No vivimos en un mundo de sueños, sino en un Universo que, siendo relativo, es real en cuanto a nuestras vidas y acciones se refiere. Nuestro asunto en el Universo no es negar su existencia, sino vivir, usando las Leyes para elevarnos de lo más bajo a lo más alto, viviendo, haciéndolo lo mejor que podamos bajo las circunstancias que surgen cada día, y viviendo, tanto como sea posible, a la altura de nuestras ideas e ideales. El verdadero significado de la vida no es conocido por los hombres en este plano, si es que lo es por alguno, pero las más altas autoridades y nuestras propias intuiciones nos enseñan que no nos equivocaremos al VIVIR a la altura de lo mejor que hay en nosotros, en la medida de lo posible, y realizando la tendencia Universal en la misma dirección a pesar de las aparentes evidencias en contrario. Todos estamos en El Sendero, y el sendero conduce siempre hacia arriba, con frecuentes lugares de descanso.

Lean el Mensaje del El Kybalión y sigan el ejemplo de "los sabios", evitando el error de los "medio-sabios" que perecen a causa de su locura.

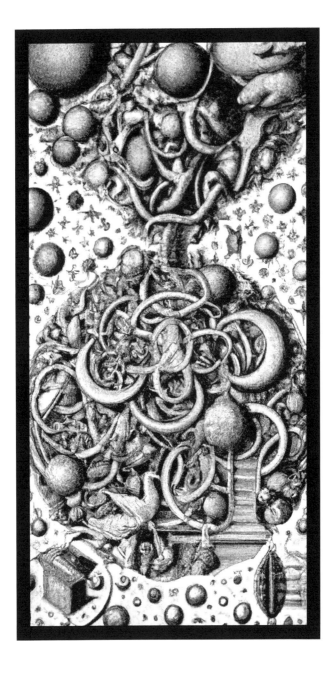

CAPÍTULO VII

«EL TODO» EN TODO

«Si bien Todo está en EL TODO, es igualmente cierto que EL TODO está en Todo. A aquel que realmente entiende esta verdad, le ha llegado un gran conocimiento.»

¿Con qué frecuencia la mayoría de la gente ha oído repetir la declaración de que su Deidad (llamada por muchos nombres) era "Todo en Todo", y qué poco han sospechado la verdad oculta interna escondida por estas palabras pronunciadas descuidadamente? La expresión comúnmente utilizada es una que sobrevive de la antigua máxima hermética citada anteriormente. Como dice el Kybalión: " A aquel que realmente entiende esta verdad, le ha llegado un gran conocimiento". Y, siendo así, busquemos esta verdad, cuya comprensión significa tanto. En esta declaración de verdad, esta máxima hermética, se oculta una de las más grandes verdades filosóficas, científicas y religiosas.

Les hemos dado la Enseñanza Hermética con respecto a la Naturaleza Mental del Universo, la verdad de que "el Universo es Mental, contenido en la Mente de EL TODO". Como dice el Kybalión, en el pasaje citado anteriormente: "Todo está en EL TODO". Pero tenga en cuenta también la declaración correlacionada, que: "Es igualmente cierto que EL TODO está en todos". Esta declaración aparentemente contradictoria es reconciliable bajo la Ley de la Paradoja. Es, además, un exacto enunciado Hermético de las relaciones existentes entre EL TODO y su Universo Mental. Hemos visto cómo "Todo está en EL TODO"; ahora examinemos el otro aspecto del tema.

Las Enseñanzas Herméticas son en el sentido de que EL TODO es Inminente ("permanece dentro; inherente; reside dentro") en su Universo, y en cada parte, partícula, unidad o combinación, dentro del Universo. Esta afirmación suele ser ilustrada por los Maestros con una referencia al Principio de Correspondencia. El Maestro instruye al alumno a formar una Imagen Mental de algo, una persona, una idea, algo que tiene una forma mental, siendo el ejemplo favorito el del autor o dramaturgo formando una idea de sus personajes; o un pintor o escultor formando una imagen de un ideal que desea expresar con su arte. En cada caso, el estudiante encontrará que mientras la imagen tiene su existencia y su ser únicamente dentro de su propia mente, él, el estudiante, autor, dramaturgo, pintor o escultor, es, en cierto sentido, inmanente en; permaneciendo dentro; o morando dentro, la imagen mental también. En otras palabras, toda la virtud, la vida, el espíritu de la realidad en la imagen mental se deriva de la "mente inmanente" del pensador. Consideren esto por un momento, hasta que capten la idea.

Para tomar un ejemplo moderno, digamos que Otelo, Yago, Hamlet, Lear, Ricardo III, existían simplemente en la mente de Shakespeare, en el momento de su concepción o creación. Y, sin embargo, Shakespeare también existió dentro de cada uno de estos personajes, dándoles su vitalidad, espíritu y acción. ¿De quién es el "espíritu" de los personajes que conocemos como Micawber, Oliver Twist, Uriah Heep? ¿Todos son Dickens, o tiene cada uno de estos personajes un espíritu personal, independiente de su creador? ¡Tenga la Venus de Medici, la Madonna Sixtina, el Appollo Belvidere, espíritus y realidad propios, o representan el poder espiritual y mental de sus creadores! La Ley de la Paradoja explica que ambas proposiciones son verdaderas, vistas desde los puntos de vista apropiados. Micawber es tanto Micawber como Dickens. Y, de nuevo, aunque puede decirse que Micawber es Dickens, sin embargo, Dickens no es idéntico a Micawber. El hombre, como Micawber, puede exclamar: "¡El Espíritu de mi Creador es inherente a mí y, sin embargo, yo no soy él!". Qué diferente esto de la espantosa verdad a medias anunciada tan vociferantemente por ciertos semi-sabios, que llenan el aire con sus estridentes gritos de: "¡Yo soy Dios!" Imagínense al pobre Micawber, o al astuto Uriah Heep, gritando: "Soy Dickens"; o algunos de los humildes zoquetes en una de las obras de Shakespeare, anunciando grandilocuentemente: "¡Yo soy Shakespeare!" EL TODO está en el gusano de tierra y, sin embargo, el gusano de tierra está lejos de ser EL TODO. Y aún queda la maravilla de que, aunque la lombriz de tierra existe meramente como una cosa humilde, creada y existiendo únicamente dentro de la Mente de EL TODO, sin embargo, EL TODO es inmanente en la lombriz de tierra y en las partículas que van a componen la lombriz de tierra. ¿Puede haber mayor misterio que este de "Todo en EL TODO; y EL TODO en todo?

El estudiante, por supuesto, se dará cuenta de que las ilustraciones dadas anteriormente son necesariamente imperfectas e inadecuadas, porque representan la creación de imágenes mentales en mentes finitas, mientras que el Universo es una creación de la Mente Infinita y la diferencia entre los dos polos los separa. Y, sin embargo, es meramente una cuestión de grado: el mismo Principio está en funcionamiento, el Principio de Correspondencia se manifiesta en cada uno: "Como es arriba, es Abajo; como Abajo, arriba."

Y, en la medida en que el Hombre se dé cuenta de la existencia del Espíritu Interior inmanente dentro de su ser, así se elevará en la escala espiritual de la vida. Esto es lo que significa el desarrollo espiritual: el reconocimiento, la realización y la manifestación del Espíritu dentro de nosotros. Traten de recordar esta última definición: la de desarrollo espiritual. Contiene la Verdad de la Religión Verdadera.

Hay muchos planos del Ser, muchos subplanos de la Vida, muchos grados de existencia en el Universo. Y todo depende del avance de los seres en la escala, escala en la cual el punto más bajo es la materia más burda, estando el más alto separado solo por la división más delgada del ESPÍRITU de EL TODO. Y, hacia arriba y adelante a lo largo de esta Escala de la Vida, todo se mueve. Todos están en el Sendero, cuyo final es EL TODO. Todo progreso es un Regreso a Casa. Todo es Hacia Arriba y Hacia Adelante, a pesar de todas las apariencias aparentemente contradictorias. Ese es el Mensaje de los Iluminados.

Las Enseñanzas Herméticas concernientes al proceso de Creación Mental del Universo, son que al inicio del Ciclo Creativo, EL TODO, en su aspecto de "Ser", proyecta su Voluntad hacia su aspecto de "Devenir", y el proceso de comienza la creación. Se enseña que el proceso consiste en la disminución de la Vibración hasta alcanzar un grado muy bajo de energía vibratoria, momento en el cual se manifiesta la forma más burda posible de la Materia. Este proceso se llama la etapa de Involución, en la que EL TODO se "involucra" o "envuelve" en su creación. Los herméticos creen que este proceso tiene una correspondencia con el proceso mental de un artista, escritor o inventor, que se envuelve tanto en su creación mental que casi olvida su propia existencia y que, por el momento, casi " vive en su creación." Si en lugar de "envueltos" usamos la palabra "absorbidos", quizás demos una mejor idea de lo que significa.

Esta etapa Involuntaria de la Creación a veces se denomina "Desbordamiento" de la Energía Divina, así como el estado Evolutivo se denomina "Retracción". Se considera que el polo extremo del proceso creativo es el más alejado del Todo, mientras que el comienzo de la etapa evolutiva se considera como el inicio de la oscilación de retorno del péndulo del ritmo: una idea de "regreso a casa" que se mantiene en todas las Enseñanzas Herméticas.

Las Enseñanzas son que durante el "Desbordamiento", las vibraciones se vuelven más y más bajas hasta que finalmente cesa el impulso y comienza la oscilación de retorno. Pero existe esta diferencia, que mientras que en la "Efusión" las fuerzas creativas se manifiestan de manera compacta y como un todo, sin embargo, desde el comienzo de la etapa Evolutiva o de "Retracción", se manifiesta la Ley de Individualización, es decir, la tendencia a separarse en Unidades de Fuerza, para que finalmente lo que dejó EL TODO como energía no individualizada regrese a su fuente como innumerables Unidades de Vida altamente desarrolladas, habiendo ascendido más y más en la escala por medio de Evolución Física, Mental y Espiritual.

Los antiguos Hermetistas usan la palabra "Meditación", al describir el proceso de la creación mental del Universo en la Mente de EL TODO, siendo también frecuentemente empleada la palabra "Contemplación". Pero la idea que se pretende parece ser la del empleo de la Atención Divina. "Atención" es una palabra derivada de la raíz latina, que significa "alcanzar; estirarse", por lo que el acto de Atención es realmente un "estirarse" mental; extensión" de la energía mental, de modo que la idea subyacente se entienda fácilmente cuando examinamos el significado real de "Atención".

Las Enseñanzas Herméticas con respecto al proceso de Evolución son que, EL TODO, habiendo meditado sobre el comienzo de la Creación, habiendo establecido así los cimientos materiales del Universo, habiendo pensado en su existencia, luego gradualmente despierta o se levanta de su Meditación y en tal forma el hacer pone en marcha el proceso de Evolución, en los planos material, mental y espiritual, sucesivamente y en orden. Así comienza el movimiento ascendente, y todo comienza a moverse hacia el Espíritu. La materia se vuelve menos burda; las Unidades brotan a la existencia; las combinaciones comienzan a formarse; La vida aparece y se manifiesta en formas cada vez más altas; y la Mente se hace cada vez más evidente, las vibraciones se elevan constantemente. En resumen, todo el proceso de Evolución, en todas sus fases, comienza y procede de acuerdo con las Leyes establecidas del proceso de "Retracción". Todo esto ocupa eones y eones del tiempo del Hombre, cada eón contiene incontables millones de años, pero aún así los Iluminados nos informan que la creación entera, incluyendo la Involución y la Evolución, de un Universo, no es más que "como un abrir y cerrar de ojos" para El todo. Al final de incontables ciclos de eones de tiempo, EL TODO retira su Atención —su Contemplación y Meditación— del Universo, porque la Gran Obra está terminada —y Todo se retira hacia EL TODO del cual emergió. Pero el Misterio de los Misterios, el Espíritu de cada alma no se aniquila, sino que se expande infinitamente, el Creado y el Creador se fusionan. ¡Tal es el informe de los Iluminados! La ilustración anterior de la "meditación" y el subsiguiente "despertar de la meditación" de EL TODO, por supuesto, no es más que un intento de los Maestros de describir el proceso Infinito mediante un ejemplo finito. Y, sin embargo: "Como es Abajo, es Arriba". La diferencia es meramente de grado. Y así como EL TODO surge de la meditación sobre el Universo, así el Hombre (con el tiempo) cesa de manifestarse en el Plano Material, y se retira más y más hacia el Espíritu Interior, que es en verdad "El Ego Divino".

Hay un asunto más del que deseamos hablar en esta lección, y que se acerca mucho a una invasión del campo metafísico de la especulación, aunque nuestro propósito es meramente mostrar la futilidad de tal especulación. Aludimos a la pregunta que inevitablemente viene a la mente de todos los pensadores que se han aventurado a buscar la Verdad. La pregunta es: "¿Por qué El Todo crea Universos?" La pregunta se puede hacer de diferentes formas, pero lo anterior es la esencia de la investigación.

Los hombres se han esforzado mucho por responder a esta pregunta, pero todavía no hay una respuesta digna de ese nombre. Algunos han imaginado que EL TODO tenía algo que ganar con ello, pero esto es absurdo, porque ¿qué podría ganar EL TODO que no poseyera ya? Otros han buscado la respuesta en la idea de que EL TODO "deseaba algo a quien amar"; y otras que creó por placer o diversión; o porque "estaba solo"; o manifestar su poder; todas explicaciones e ideas pueriles, pertenecientes al período infantil del pensamiento.

Otros han tratado de explicar el misterio asumiendo que EL TODO se vio "obligado" a crear, en razón de su propia "naturaleza interna", su "instinto creativo". Esta idea está por delante de las demás, pero su punto débil radica en la idea de que EL TODO está "obligado" por cualquier cosa, interna o externa. Si su "naturaleza interna" o "instinto creativo" lo obligara a hacer algo, entonces la "naturaleza interna" o "instinto creativo" sería el Absoluto, en lugar de EL TODO, y por lo tanto esa parte de la proposición cae. Y, sin embargo, EL TODO crea y se manifiesta, y parece encontrar algún tipo de satisfacción al hacerlo. Y es difícil escapar a la conclusión de que en algún grado infinito debe tener lo que correspondería a una "naturaleza interna" o "instinto creativo" en el hombre, con el Deseo y la Voluntad correspondientemente infinitos. No podía actuar a menos que quisiera actuar; y no tendría la Voluntad de Actuar, a menos que Deseara Actuar; y no desearía actuar a menos que obtuviera alguna satisfacción de ese modo. Y todas estas cosas pertenecerían a una "Naturaleza Interior", y podrían postularse como existentes según la Ley de Correspondencia. Pero, aun así, preferimos pensar en EL TODO actuando completamente LIBRE de cualquier influencia, tanto interna como externa. Ese es el problema que está en la raíz de la dificultad, y la dificultad que está en la raíz del problema.

En rigor, no puede decirse que haya "Razón" alguna para que EL TODO actúe, pues una "razón" implica una "causa", y EL TODO está por encima de Causa y Efecto, excepto cuando quiere convertirse en Causa, al mismo tiempo. tiempo en el que el Principio se pone en movimiento. Entonces, ya ven, el asunto es Impensable, así como EL TODO es Incognoscible. Así como decimos que EL TODO meramente "es", así nos vemos obligados a decir que "EL TODO ACTÚA PORQUE ACTÚA". Por último, EL TODO es Toda la Razón en Sí Mismo; toda ley en sí misma; Toda Acción en Sí, y puede decirse, con verdad, que El Todo es Su Propia Razón; su propia Ley; su propio Acto, o aún más, que El Todo; Su Razón; su Acta; es Ley; son UNO, siendo todos nombres para la misma cosa. En opinión de quienes les están dando estas presentes lecciones, la respuesta está encerrada en el INTERIOR de EL TODO, junto con su Secreto del Ser. La Ley de la Correspondencia, en nuestra opinión, alcanza sólo a ese aspecto de EL TODO, del que puede hablarse como "El Aspecto del DEVENIR". Detrás de ese Aspecto está "El Aspecto del SER", en el que todas las Leyes se pierden en la Ley; todos los Principios se fusionan en PRINCIPIO y EL TODO; PRINCIPIO y SER; son IDÉNTICOS, UNO Y EL MISMO. Por lo tanto, la especulación Metafísica sobre este punto es fútil. Entramos en el asunto aquí, simplemente para mostrar que reconocemos la pregunta, y también lo absurdo de las respuestas ordinarias de la metafísica y la teología.

En conclusión, puede ser de interés para nuestros estudiantes saber que mientras algunos de los Maestros Herméticos antiguos y modernos se han inclinado más bien en la dirección de aplicar el Principio de Correspondencia a la pregunta, con el resultado de la "Naturaleza Interior" conclusión, todavía las leyendas dicen que HERMES, el Grande, cuando sus estudiantes avanzados le hicieron esta pregunta, les respondió APRETANDO LOS LABIOS CON FUERZA y sin decir una palabra, lo que indica que NO HABÍA RESPUESTA. Pero, entonces, puede haber tenido la intención de aplicar el axioma de su filosofía, que: "Los labios de la Sabiduría están cerrados, excepto para los oídos del Entendimiento", creyendo que incluso sus estudiantes avanzados no poseían el Entendimiento que les daba derecho a la Enseñando. De todos modos, si Hermes poseía el Secreto, no lo transmitió, y en lo que respecta al mundo, LOS LABIOS DE HERMES ESTÁN CERRADOS al respecto. Y donde el Gran Hermes vaciló en hablar, ¿qué mortal se atreverá a enseñar?

Pero recuerden que cualquiera que sea la respuesta a este problema, si de hecho hay una respuesta, la verdad sigue siendo que: "Mientras que Todo está en EL TODO, es igualmente cierto que EL TODO está en Todo". La Enseñanza sobre este punto es enfática. Y, podemos agregar las palabras finales de la cita: "A aquel que verdaderamente entiende esta verdad, le ha llegado un gran conocimiento".

CAPÍTULO VIII

LOS PLANOS DE CORRESPONDENCIA

«Como es arriba, es abajo; como abajo, arriba.»
El Kybalión

El gran Segundo Principio Hermético encarna la verdad de que existe armonía, acuerdo y correspondencia entre los diversos planos de Manifestación, Vida y Ser. Esta verdad es una verdad porque todo lo que está incluido en el Universo emana de la misma fuente, y las mismas leyes, principios y características se aplican a cada unidad o combinación de unidades de actividad, ya que cada una manifiesta sus propios fenómenos en su propio plano.

A los efectos de la conveniencia del pensamiento y del estudio, la Filosofía Hermética considera que el Universo puede dividirse en tres grandes clases de fenómenos, conocidos como los Tres Grandes Planos, a saber:

I. El gran plano físico.

II. El gran plano mental.

III. El gran plano espiritual.

Estas divisiones son más o menos artificiales y arbitrarias, pues la verdad es que las tres divisiones no son más que grados ascendentes de la gran escala de la Vida, cuyo punto más bajo es la Materia indiferenciada y el punto más alto el del Espíritu. Y, además, los diferentes Planos se sombrean entre sí, de modo que no se puede hacer una división estricta entre los fenómenos superiores del Físico y los inferiores del Mental; o entre lo superior de lo Mental y lo inferior de lo Físico.

En resumen, los Tres Grandes Planos pueden considerarse como tres grandes grupos de grados de Manifestación de Vida. Si bien los propósitos de este librito no nos permiten entrar en una discusión extensa o una explicación del tema de estos diferentes planos, creemos que es bueno dar una descripción general de los mismos en este punto.

Al principio también podemos considerar la pregunta que tantas veces hace el neófito, que desea informarse sobre el significado de la palabra "Plano", término que ha sido usado con mucha libertad, y muy mal explicado, en muchos trabajos recientes sobre el tema del ocultismo. La pregunta es generalmente de la siguiente manera: "¿Es un plano un lugar que tiene dimensiones, o es simplemente una condición o estado?" Respondemos: "No, ni un lugar, ni una dimensión ordinaria del espacio; y sin embargo más que un estado o condición. Puede ser considerado como un estado o condición y, sin embargo, el estado o condición es un grado de dimensión, en una escala sujeta a medición". Algo paradójico, ¿no? Pero examinemos el asunto. Una "dimensión", ya sabes, es "una medida en línea recta, relacionada con la medida", etc. Las dimensiones ordinarias del espacio son largo, ancho y alto, o quizás largo, ancho, alto, espesor o circunferencia. Pero hay otra dimensión de "cosas creadas", o "medida en línea recta", conocida por los ocultistas y también por los científicos, aunque estos últimos aún no le han aplicado el término "dimensión" y esta nueva dimensión , que, por cierto, es la más especulada sobre la "Cuarta Dimensión", es el estándar utilizado para determinar los grados o "planos".

Esta Cuarta Dimensión puede llamarse "la Dimensión de Vibración". Es un hecho bien conocido por la ciencia moderna, así como por los herméticos que han encarnado la verdad en su "Tercer Principio Hermético", que "todo está en movimiento; todo vibra; nada está en reposo." Desde la manifestación más alta, hasta la más baja, todo y todas las cosas Vibran. No sólo vibran a diferentes velocidades de movimiento, sino también en diferentes direcciones y de diferente manera. Los grados de la "tasa" de vibraciones constituyen los grados de medición en la Escala de Vibraciones, en otras palabras, los grados de la Cuarta Dimensión. Y estos grados forman lo que los ocultistas llaman "Planos". Cuanto más alto sea el grado de tasa de vibración, más alto será el plano y más alta será la manifestación de la Vida que ocupa ese plano. De modo que, si bien un plano no es "un lugar", ni tampoco "un estado o condición", posee cualidades comunes a ambos. Tendremos más que decir con respecto al tema de la escala de Vibraciones en nuestras próximas lecciones, en las que consideraremos el Principio Hermético de Vibración.

Sin embargo, recordarán amablemente que los Tres Grandes Planos no son divisiones reales de los fenómenos del Universo, sino simplemente términos arbitrarios utilizados por los herméticos para ayudar en el pensamiento y el estudio de los diversos grados y formas de actividad universal y la vida. El átomo de materia, la unidad de fuerza, la mente del hombre y el ser del arcángel son todos menos grados en una escala, y todos fundamentalmente lo mismo, la diferencia entre sólo una cuestión de grado y tasa de vibración, todo son creaciones de EL TODO, y tienen su existencia únicamente dentro de la Mente Infinita de EL TODO.

Los hermetistas subdividen cada uno de los Tres Grandes Planos en Siete Planos Menores, y cada uno de estos últimos también se subdivide en siete subplanos, siendo todas las divisiones más o menos arbitrarias, matizándose entre sí, y adoptadas meramente por conveniencia del estudio científico y pensamiento.

El Gran Plano Físico, y sus Siete Planos Menores, es esa división de los fenómenos del Universo que incluye todo lo relacionado con la física, o cosas materiales, fuerzas y manifestaciones. Incluye todas las formas de lo que llamamos Materia y todas las formas de lo que llamamos Energía o Fuerza. Pero deben recordar que la Filosofía Hermética no reconoce la Materia como una "cosa en sí misma", o que tenga una existencia separada incluso en la Mente del Todo. Las Enseñanzas son que la Materia no es más que una forma de Energía, es decir,

Energía a un bajo índice de vibraciones de cierto tipo. Y en consecuencia, los herméticos clasifican la Materia bajo el título de Energía y le asignan tres de los Siete Planos Menores del Gran Plano Físico. Estos siete planos físicos menores son como sigue:

I.   El plano de materia (A)

II. El plano de materia (B)

III. El plano de materia (C)

IV. El plano de sustancia etérea

V.   El plano de energía (A)

VI. El plano de energía (B)

VII. El plano de energía (C)

El Plano de la Materia (A) comprende las formas de la Materia en su forma de sólidos, líquidos y gases, como generalmente se reconoce en los libros de texto de física. El Plano de la Materia (B) comprende ciertas formas superiores y más sutiles de la Materia cuya existencia la ciencia moderna ahora reconoce, los fenómenos de la Materia Radiante, en sus fases de radio, etc., pertenecientes a la subdivisión inferior de este Plano Menor. El Plano de Materia (C) comprende formas de la Materia más sutil y tenue, cuya existencia no es sospechada por los científicos ordinarios. El Plano de Sustancia Etérea comprende aquello de lo que la ciencia habla como "El Éter", una sustancia de extrema tenuidad y elasticidad, que impregna todo el Espacio Universal y actúa como un medio para la transmisión de ondas de energía, como luz, calor, electricidad, etc. Esta Sustancia Etérea forma un vínculo de conexión entre la

Materia (así llamada) y la Energía, y participa de la naturaleza de cada una. Las Enseñanzas Herméticas, sin embargo, instruyen que este plano tiene siete subdivisiones (al igual que todos los Planos Menores), y que de hecho hay siete éteres, en lugar de uno solo.

A continuación, por encima del Plano de Sustancia Etérea, viene el Plano de Energía (A), que comprende las formas ordinarias de Energía conocidas por la ciencia, siendo sus siete subplanos, respectivamente, Calor; Ligero; Magnetismo; Electricidad y Atracción (incluyendo Gravitación, Cohesión, Afinidad Química, etc.) y varias otras formas de energía indicadas por experimentos científicos pero que aún no han sido nombradas o clasificadas. El Plano de Energía (B) comprende siete subplanos de formas superiores de energía aún no descubiertas por la ciencia, pero que han sido llamadas "Fuerzas más sutiles de la naturaleza" y que se ponen en funcionamiento en manifestaciones de ciertas formas de fenómenos mentales, y por el cual tales fenómenos se vuelven posibles. El Plano de Energía (C) comprende siete subplanos de energía tan altamente organizados que tiene muchas de las características de la "vida", pero que no es reconocido por las mentes de los hombres en el plano ordinario de desarrollo, estando disponible para el su uso en seres del Plano Espiritual únicamente—tal energía es impensable para el hombre común, y puede ser considerada casi como "el poder divino". Los seres que emplean el mismo son como "dioses" en comparación incluso con los tipos humanos más altos que conocemos.

El Gran Plano Mental comprende aquellas formas de "cosas vivientes" conocidas por nosotros en la vida ordinaria, así como ciertas otras formas no tan conocidas excepto por el ocultista. La clasificación de los Siete Planos Mentales Menores es más o menos satisfactoria y arbitraria (a menos que vaya acompañada de elaboradas explicaciones ajenas al propósito de este trabajo en particular), pero bien podemos mencionarlos. Son los siguientes:

I. El plano de mente mineral

II. El plano de mente elemental (A)

III. El plano de mente de planta

IV. El plano de mente elemental (B)

V. El plano de mente animal

VI. El plano de mente elemental (C)

VII. El plano de mente humana

El Plano de la Mente Mineral comprende los "estados o condiciones" de las unidades o entidades, o grupos y combinaciones de las mismas, que animan las formas conocidas por nosotros como "minerales, químicos, etc." Estas entidades no deben confundirse con las moléculas, átomos y corpúsculos mismos, siendo estos últimos meramente los cuerpos materiales o formas de estas entidades, así como el cuerpo del hombre no es más que su forma material y no "él mismo". Estas entidades pueden llamarse "almas" en cierto sentido, y son seres vivientes de un bajo grado de desarrollo, vida y mente, solo un poco más que las unidades de "energía viviente" que comprenden las subdivisiones superiores del más alto Plano Físico. La mente promedio generalmente no atribuye la posesión de mente, alma o vida al reino Mineral, pero todos los ocultistas reconocen la existencia del mismo, y la ciencia moderna está avanzando rápidamente hacia el punto de vista del Hermético. a este respecto. Las moléculas, átomos y corpúsculos tienen sus "amores y odios"; gustos y disgustos; "atracciones y repulsiones"; "afinidades y no afinidades", etc., y algunas de las mentes científicas modernas más atrevidas han expresado la opinión de que el deseo y la voluntad, las emociones y los sentimientos de los átomos difieren sólo en grado de los de los hombres. No tenemos tiempo ni espacio para discutir este asunto aquí. Todos los ocultistas saben que es un hecho, y otros se remiten a algunos de los trabajos científicos más recientes para corroboración externa. Existen las siete subdivisiones usuales en este plano.

El Plano de la Mente Elemental (A) comprende el estado o condición y el grado de desarrollo mental y vital de una clase de entidades desconocidas para el hombre común, pero reconocidas por los ocultistas. Son invisibles a los sentidos ordinarios del hombre, pero, sin embargo, existen y juegan su parte en el Drama del Universo. Su grado de inteligencia está entre el de las entidades minerales y químicas por un lado, y el de las entidades del reino vegetal por el otro. También hay siete subdivisiones en este plano.

El Plano de Mente Vegetal, en sus siete subdivisiones, comprende los estados o condiciones de las entidades que componen los reinos del Mundo Vegetal, cuyos fenómenos vitales y mentales son bastante bien entendidos por la persona inteligente promedio, muchos nuevos e interesantes trabajos científicos sobre "Mente y Vida en las Plantas" publicados durante la última década. Las plantas tienen vida, mente y "almas", al igual que los animales, el hombre y el superhombre.

El Plano de la Mente Elemental (B), en sus siete subdivisiones, comprende los estados y condiciones de una forma superior de entidades "elementales" o invisibles, que desempeñan su papel en el trabajo general del Universo, cuya mente y vida forman parte de la escala entre el Plano de la Mente Vegetal y el Plano de la Mente Animal, participando las entidades de la naturaleza de ambos.

El Plano de la Mente Animal, en sus siete subdivisiones, comprende los estados y condiciones de las entidades, seres o almas que animan las formas animales de vida, que nos son familiares a todos. No es necesario entrar en detalles sobre este reino o plano de vida, pues el mundo animal nos es tan familiar como el nuestro.

El Plano de la Mente Elemental (C), en sus siete subdivisiones, comprende aquellas entidades o seres, invisibles como lo son todas esas formas elementales, que participan de la naturaleza de la vida animal y humana en cierto grado y en ciertas combinaciones. Las formas más elevadas son semihumanas en inteligencia.

El Plano de la Mente Humana, en sus siete subdivisiones, comprende aquellas manifestaciones de vida y mentalidad que son comunes al Hombre, en sus diversos grados, grados y divisiones. A este respecto, deseamos señalar el hecho de que el hombre promedio de hoy ocupa solo la cuarta subdivisión del Plano de la Mente Humana, y solo los más inteligentes han cruzado los límites de la Quinta Subdivisión. Le ha tomado a la raza millones de años llegar a esta etapa, y le tomará muchos más años a la raza pasar a las subdivisiones sexta y séptima, y más allá. Pero recuerden que ha habido razas antes que nosotros que han pasado por estos grados y luego a planos superiores. Nuestra propia raza es la quinta (con rezagados de la cuarta) que ha pisado El Sendero. Y, luego, hay algunas almas avanzadas de nuestra propia raza que han superado a las masas, y que han pasado a la sexta y séptima subdivisión, y algunas pocas están aún más lejos. El hombre de la Sexta Subdivisión será "El Superhombre"; el del Séptimo será "El Superhombre".

En nuestra consideración de los Siete Planos Mentales Menores, simplemente nos hemos referido a los Tres Planos Elementales de manera general. No deseamos entrar en este tema en detalle en este trabajo, porque no pertenece a esta parte de la filosofía y enseñanzas generales. Pero podemos decir esto, para darles una idea un poco más clara de las relaciones de estos planos con los más familiares: los Planos Elementales tienen la misma relación con los Planos de Mentalidad y Vida Mineral, Vegetal, Animal y Humana. que las teclas negras del piano hacen a las teclas blancas. Las teclas blancas son suficientes para producir música, pero hay ciertas escalas, melodías y armonías en las que las teclas negras desempeñan su papel y en las que su presencia es necesaria. También son necesarios como "eslabones de conexión" de la condición del alma; estados de entidad, etc., entre los varios otros planos, alcanzándose en ellos ciertas formas de desarrollo—dando este último hecho al lector que puede "leer entre líneas" una nueva luz sobre los procesos de Evolución, y una nueva clave para el puerta secreta de los "saltos de la vida" entre reino y reino. Los grandes reinos de los Elementales son plenamente reconocidos por todos los ocultistas, y los escritos esotéricos abundan en mención de ellos. Los lectores de "Zanoni" de Bulwer y cuentos similares reconocerán las entidades que habitan estos planos de vida.

Pasando del Gran Plano Mental al Gran Plano Espiritual, ¿qué diremos? ¿Cómo podemos explicar estos estados superiores del Ser, la Vida y la Mente a mentes que aún son incapaces de captar y comprender las subdivisiones superiores del Plano de la Mente Humana? La tarea es imposible. Sólo podemos hablar en los términos más generales. ¿Cómo puede describirse la Luz para un hombre ciego de nacimiento, cómo el azúcar, para un hombre que nunca ha probado nada dulce, cómo la armonía para un sordo de nacimiento?

Todo lo que podemos decir es que los Siete Planos Menores del Gran Plano Espiritual (cada Plano Menor tiene sus siete subdivisiones) comprenden Seres que poseen Vida, Mente y Forma tan por encima del Hombre de hoy como este último por encima de la lombriz, el mineral o incluso ciertas formas de Energía o Materia. La Vida de estos Seres trasciende tanto a la nuestra, que ni siquiera podemos pensar en los detalles de la misma; sus Mentes trascienden tanto las nuestras, que para ellos apenas parecemos "pensar", y nuestros procesos mentales parecen casi similares a los procesos materiales; la Materia de la que están compuestas sus formas es de los Planos más elevados de la Materia, más aún, se dice que algunos están "revestidos de Pura Energía". ¿Qué puede decirse de dichos Seres?

En los Siete Planos Menores del Gran Plano Espiritual existen Seres de los que podemos hablar como Ángeles; arcángeles; Semidioses. En los Planos Menores inferiores moran esas grandes almas a las que llamamos Maestros y Adeptos. Sobre ellos vienen las Grandes Jerarquías de las Huestes Angélicas, impensables para el hombre; y por encima de ellos vienen aquellos que pueden ser llamados sin irreverencia "Los Dioses", tan altos en la escala del Ser que son ellos, siendo su ser, inteligencia y poder similares a los atribuidos por las razas de los hombres a sus concepciones de la Deidad. Estos Seres están más allá incluso de los vuelos más elevados de la imaginación humana, siendo la palabra "Divino" la única aplicable a ellos. Muchos de estos Seres, así como la Hueste Angélica, tienen el mayor interés en los asuntos del Universo y juegan un papel importante en sus asuntos. Estas Divinidades Invisibles y Auxiliares Angélicos extienden su influencia libre y poderosamente, en el proceso de Evolución y Progreso Cósmico. Su intervención y asistencia ocasional en los asuntos humanos han dado lugar a muchas leyendas, creencias, religiones y tradiciones de la raza, pasadas y presentes. Han superpuesto su conocimiento y poder sobre el mundo, una y otra vez, todo bajo la Ley de EL TODO, por supuesto.

Pero, sin embargo, incluso los más elevados de estos Seres avanzados existen meramente como creaciones de y en la Mente de EL TODO, y están sujetos a los Procesos Cósmicos y las Leyes Universales. Todavía son mortales. Podemos llamarlos "dioses" si queremos, pero aun así no son más que los Hermanos Mayores de la Raza, las almas avanzadas que han superado a sus hermanos, y que han renunciado al éxtasis de la Absorción por EL TODO, a fin de ayudar a los demás. carrera en su viaje ascendente a lo largo del Sendero. Pero pertenecen al Universo y están sujetos a sus condiciones, son mortales, y su plano está por debajo del Espíritu Absoluto.

Solo los Herméticos más avanzados son capaces de comprender las Enseñanzas Internas sobre el estado de existencia y los poderes manifestados en los Planos Espirituales. El fenómeno es tan superior al de los Planos Mentales, que seguramente se produciría una confusión de ideas si se intentara describir el mismo. Sólo aquellos cuyas mentes han sido cuidadosamente entrenadas en las líneas de la Filosofía Hermética durante años —sí, aquellos que han traído consigo de otras encarnaciones el conocimiento adquirido previamente— pueden comprender exactamente lo que significa la Enseñanza con respecto a estos Planos Espirituales. Y gran parte de estas Enseñanzas Internas es sostenida por los Herméticos como demasiado sagrada, importante e incluso peligrosa para la difusión pública en general. El estudiante inteligente puede reconocer lo que queremos decir con esto cuando afirmamos que el significado de "Espíritu" tal como lo usan los herméticos es similar a "Poder viviente"; "Fuerza Animada"; "Esencia Interior"; "Esencia de la vida", etc., cuyo significado no debe confundirse con el que se emplea habitualmente y comúnmente en relación con el término i. e., "religioso; eclesiástico; espiritual; etéreo; santo", etc., etc. Para los ocultistas, la palabra "Espíritu" se usa en el sentido de "El Principio Animador", llevando consigo la idea de Poder, Energía Viva, Fuerza Mística, etc. Y los ocultistas saben que aquello que es conocido por ellos como "Poder Espiritual" puede emplearse tanto para fines malos como buenos (de acuerdo con el Principio de Polaridad), un hecho que ha sido reconocido por la mayoría de las religiones en sus concepciones de Satanás, Belcebú, el Diablo, Lucifer, Ángeles Caídos, etc. Y así, el conocimiento relativo a estos Planos se ha mantenido en el Lugar Santísimo en todas las Fraternidades Esotéricas y Órdenes Ocultas, en la Cámara Secreta del Templo. Pero esto puede decirse aquí, que aquellos que han alcanzado altos poderes espirituales y los han abusado, tienen reservado un terrible destino para ellos, y el balanceo del péndulo del Ritmo inevitablemente los hará retroceder al extremo más lejano de la existencia Material. desde cuyo punto deben volver sobre sus pasos hacia el Espíritu, a lo largo de las fatigosas rondas del Sendero, pero siempre con la tortura añadida de tener siempre con ellos un recuerdo persistente de las alturas desde las que cayeron debido a sus malas acciones. Las leyendas de los Ángeles Caídos tienen una base en hechos reales, como saben todos los ocultistas avanzados. La lucha por el poder egoísta en los Planos Espirituales da como resultado inevitable que el alma egoísta pierda su equilibrio espiritual y retroceda hasta donde se había elevado previamente. Pero incluso a tal alma, se le da la oportunidad de un regreso, y tales almas hacen el viaje de regreso, pagando la terrible pena de acuerdo con la Ley invariable.

Para concluir, les recordamos nuevamente que según el Principio de Correspondencia, que encarna la verdad: "Como es Arriba es Abajo; como es Abajo, es Arriba", todos los Siete Principios Herméticos están en pleno funcionamiento en todos los muchos planos, Físico, Mental y Espiritual. El Principio de la Sustancia Mental, por supuesto, se aplica a todos los planos, porque todos están contenidos en la Mente de EL TODO. El Principio de Correspondencia se manifiesta en todos, pues hay correspondencia, armonía y acuerdo entre los varios planos. El Principio de Vibración se manifiesta en todos los planos, de hecho las mismas diferencias que van a hacer los "planos" surgen de la Vibración, como hemos explicado. El Principio de Polaridad se manifiesta en cada plano, siendo los extremos de los Polos aparentemente opuestos y contradictorios. El Principio del Ritmo se manifiesta en cada Plano, el movimiento de los fenómenos tiene su flujo y reflujo, sube y baja, entra y sale. El Principio de Causa y Efecto se manifiesta en cada Plano, teniendo cada Efecto su Causa y cada Causa su efecto. El Principio de Género se manifiesta en cada Plano, la Energía Creativa está siempre manifestada y operando a lo largo de las líneas de sus Aspectos Masculino y Femenino.

"Como es Arriba es Abajo; como Abajo, así es Arriba. "Este axioma hermético de siglos de antigüedad encarna uno de los grandes Principios de los Fenómenos Universales. A medida que avancemos con nuestra consideración de los Principios restantes, veremos aún más claramente la verdad de la naturaleza universal de este gran Principio de Correspondencia.

CAPÍTULO IX

VIBRACIÓN

«Nada descansa; todo se mueve; todo vibra.»

El Kybalión

El gran Tercer Principio Hermético —el Principio de Vibración— encarna la verdad de que el Movimiento se manifiesta en todo en el Universo, que nada está en reposo, que todo se mueve, vibra y gira. Este principio hermético fue reconocido por algunos de los primeros filósofos griegos que lo incorporaron en sus sistemas. Luego, durante siglos, los pensadores fuera de las filas herméticas lo perdieron de vista. Pero en el siglo XIX la ciencia física redescubrió la verdad y los descubrimientos científicos del siglo XX agregaron pruebas adicionales de la corrección y la verdad de esta doctrina hermética de siglos de antigüedad.

Las Enseñanzas Herméticas son que no sólo todo está en constante movimiento y vibración, sino que las "diferencias" entre las diversas manifestaciones del poder universal se deben enteramente a la variación en el ritmo y modo de las vibraciones. No sólo esto, sino que incluso EL TODO, en sí mismo, manifiesta una vibración constante de tal infinito grado de intensidad y rápido movimiento que prácticamente puede considerarse como en reposo, dirigiendo los maestros la atención de los estudiantes al hecho de que incluso en el plano físico, un objeto que se mueve rápidamente (como una rueda giratoria) parece estar en reposo. Las Enseñanzas son en el sentido de que el Espíritu está en un extremo del Polo de Vibración, siendo el otro Polo ciertas formas extremadamente burdas de Materia. Entre estos dos polos hay millones y millones de diferentes velocidades y modos de vibración.

La ciencia moderna ha probado que todo lo que llamamos Materia y Energía no son más que "modos de movimiento vibratorio", y algunos de los científicos más avanzados se están moviendo rápidamente hacia las posiciones de los ocultistas que sostienen que los fenómenos de la Mente son igualmente modos de vibración o movimiento. movimiento. Veamos qué tiene que decir la ciencia con respecto a la cuestión de las vibraciones en la materia y la energía.

En primer lugar, la ciencia enseña que toda materia manifiesta, en algún grado, las vibraciones derivadas de la temperatura o el calor. Sea un objeto frío o caliente — siendo ambos grados de las mismas cosas— manifiesta ciertas vibraciones de calor, y en ese sentido está en movimiento y vibración. Entonces todas las partículas de Materia están en movimiento circular, desde el corpúsculo hasta los soles. Los planetas giran alrededor de soles, y muchos de ellos giran sobre sus ejes. Los soles se mueven alrededor de puntos centrales más grandes, y se cree que estos se mueven alrededor de puntos aún más grandes, y así hasta el infinito. Las moléculas de las que se componen los tipos particulares de Materia están en un estado de constante vibración y movimiento unas alrededor de otras y unas contra otras. Las moléculas están compuestas por Átomos, los cuales, asimismo, se encuentran en un estado de constante movimiento y vibración. Los átomos están compuestos de corpúsculos, a veces llamados "electrones", "iones", etc., que también están en un estado de movimiento rápido, girando unos alrededor de otros, y que manifiestan un estado y modo de vibración muy rápidos. Y así vemos que todas las formas de Materia manifiestan Vibración, de acuerdo con el Principio Hermético de Vibración.

Y lo mismo ocurre con las diversas formas de Energía. La ciencia enseña que la Luz, el Calor, el Magnetismo y la Electricidad no son más que formas de movimiento vibratorio conectadas de alguna manera con el Éter y que probablemente emanan de él. La ciencia aún no intenta explicar la naturaleza del fenómeno conocido como Cohesión, que es el principio de la Atracción Molecular; ni la Afinidad Química, que es el principio de la Atracción Atómica; ni la Gravitación (el mayor misterio de los tres), que es el principio de atracción por el cual cada partícula o masa de Materia está ligada a cualquier otra partícula o masa. Estas tres formas de energía aún no son comprendidas por la ciencia, sin embargo, los escritores se inclinan a la opinión de que también son manifestaciones de alguna forma de energía vibratoria, un hecho que los hermetistas han sostenido y enseñado durante épocas pasadas.

El Éter Universal, que es postulado por la ciencia sin que se entienda claramente su naturaleza, es considerado por los herméticos como una manifestación superior de lo que erróneamente se llama materia, es decir, Materia en un grado superior de vibración, y es llamado por ellos "La Sustancia Etérea". Los Hermetistas enseñan que esta Sustancia Etérea es de extrema tenuidad y elasticidad, y que impregna el espacio universal, sirviendo como medio de transmisión de ondas de energía vibratoria, como calor, luz, electricidad, magnetismo, etc. Las Enseñanzas son que La Sustancia Etérea es un nexo de unión entre las formas de energía vibratoria conocidas como "Materia" por un lado, y "Energía o Fuerza" por el otro; y también que manifiesta un grado de vibración, en ritmo y modo, enteramente propio.

Los científicos han ofrecido la ilustración de una rueda, parte superior o cilindro que se mueve rápidamente para mostrar los efectos del aumento de las tasas de vibración. La ilustración supone una rueda, un trompo o un cilindro giratorio que gira a baja velocidad; llamaremos a esta cosa giratoria "el objeto" siguiendo la ilustración. Supongamos que el objeto se mueve lentamente. Puede verse fácilmente, pero ningún sonido de su movimiento llega al oído. La velocidad se incrementa gradualmente. En unos momentos su movimiento se vuelve tan rápido que se puede escuchar un gruñido profundo o una nota baja. Luego, a medida que aumenta el ritmo, la nota sube uno en la escala musical. Luego, aumentando aún más el movimiento, se distingue la siguiente nota más alta.

Luego, una tras otra, aparecen todas las notas de la escala musical, elevándose más y más a medida que aumenta el movimiento. Finalmente, cuando los movimientos han alcanzado un cierto ritmo, se alcanza la nota final perceptible para los oídos humanos y el chillido agudo y penetrante se desvanece, y sigue el silencio. No se escucha ningún sonido del objeto giratorio, la velocidad de movimiento es tan alta que el oído humano no puede registrar las vibraciones. Luego viene la percepción de grados crecientes de Calor. Luego, después de bastante tiempo, el ojo vislumbra que el objeto se vuelve de un color rojizo oscuro opaco. A medida que aumenta la velocidad, el rojo se vuelve más brillante. Luego, a medida que aumenta la velocidad, el rojo se funde en naranja. Entonces el naranja se derrite en un amarillo. Luego siguen, sucesivamente, los tonos de verde, azul, índigo y finalmente violeta, a medida que aumenta la velocidad. Luego, el violeta se desvanece y todo el color desaparece, sin que el ojo humano pueda registrarlos. Pero hay rayos invisibles que emanan del objeto giratorio, los rayos que se usan para fotografiar y otros rayos sutiles de luz. Entonces empiezan a manifestarse los rayos peculiares conocidos como "Rayos X", etc., a medida que cambia la constitución del objeto. La electricidad y el magnetismo se emiten cuando se alcanza la tasa de vibración adecuada.

Cuando el objeto alcanza una cierta tasa de vibración, sus moléculas se desintegran y se resuelven en los elementos o átomos originales. Entonces los átomos, siguiendo el Principio de Vibración, se separan en los innumerables corpúsculos que los componen. Y finalmente, hasta los corpúsculos desaparecen y puede decirse que el objeto está compuesto de La Sustancia Etérea. La ciencia no se atreve a seguir más adelante con la ilustración, pero los herméticos enseñan que si las vibraciones se incrementaran continuamente, el objeto ascendería en los sucesivos estados de manifestación y, a su vez, manifestaría las diversas etapas mentales, y luego hacia el Espíritu, hasta que finalmente Vuelve a entrar en EL TODO, que es Espíritu Absoluto. El "objeto", sin embargo, habría dejado de ser un "objeto" mucho antes de que se alcanzara la etapa de Sustancia Etérea, pero por lo demás, la ilustración es correcta en la medida en que muestra el efecto de ritmos y modos de vibración constantemente aumentados. Debe recordarse, en la ilustración anterior, que en las etapas en las que el "objeto" emite vibraciones de luz, calor, etc., en realidad no se "disuelve" en esas formas de energía (que son mucho más altas en el escala), sino simplemente que alcanza un grado de vibración en el que esas formas de energía se liberan, en cierto grado, de las influencias confinantes de sus moléculas, átomos y corpúsculos, según sea el caso. Estas formas de energía, aunque mucho más altas en la escala que la materia, están aprisionadas y confinadas en las combinaciones materiales, debido a que las energías se manifiestan a través de las formas materiales y las usan, pero así quedan enredadas y confinadas en sus creaciones de formas materiales, que, hasta cierto punto, es cierto para todas las creaciones, la fuerza creadora se involucra en su creación.

Pero las Enseñanzas Herméticas van mucho más allá que las de la ciencia moderna. Enseñan que toda manifestación de pensamiento, emoción, razón, voluntad o deseo, o cualquier estado o condición mental, van acompañadas de vibraciones, una parte de las cuales son expulsadas y tienden a afectar las mentes de otras personas por "inducción". Este es el principio que produce los fenómenos de la "telepatía"; influencia mental, y otras formas de acción y poder de la mente sobre la mente, con las que el público en general se está familiarizando rápidamente, debido a la amplia difusión del conocimiento oculto por parte de las diversas escuelas, cultos y maestros a lo largo de estas líneas en este momento.

Cada pensamiento, emoción o estado mental tiene su correspondiente ritmo y modo de vibración. Y por un esfuerzo de la voluntad de la persona, o de otras personas, estos estados mentales pueden ser reproducidos, tal como un tono musical puede ser reproducido haciendo vibrar un instrumento a un ritmo determinado, tal como el color puede ser reproducido de la misma manera. Mediante el conocimiento del Principio de la Vibración, aplicado a los Fenómenos Mentales, uno puede polarizar su mente en cualquier grado que desee, obteniendo así un control perfecto sobre sus estados mentales, estados de ánimo, etc. De igual forma puede afectar las mentes de los demás. otros, produciendo en ellos los estados mentales deseados. En resumen, puede ser capaz de producir en el Plano Mental lo que la ciencia produce en el Plano Físico, a saber, "Vibraciones a Voluntad". Este poder, por supuesto, sólo puede adquirirse mediante la instrucción adecuada, ejercicios, práctica, etc., siendo la ciencia la de la Transmutación Mental, una de las ramas del Arte Hermético.

Una pequeña reflexión sobre lo dicho le mostrará al estudiante que el Principio de Vibración subyace a los fenómenos maravillosos del poder manifestado por los Maestros y Adeptos, quienes aparentemente son capaces de dejar de lado las Leyes de la Naturaleza, pero que en realidad son simplemente usando una ley contra otra; un principio contra otros; y que logran sus resultados cambiando las vibraciones de los objetos materiales, o formas de energía, y así realizan lo que comúnmente se llama "milagros".

Como ha dicho acertadamente uno de los antiguos escritores herméticos: "Quien comprende el Principio de la Vibración, ha empuñado el cetro del Poder".

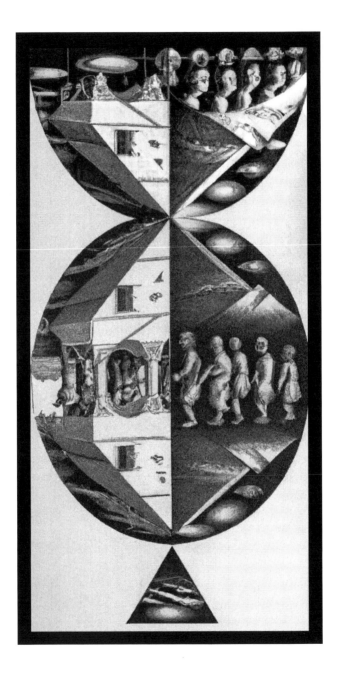

CAPÍTULO X

POLARIDAD

«**Todo es dual; todo tiene polos; todo tiene su par de opuestos; iguales y diferentes son lo mismo; los opuestos son idénticos en naturaleza, pero diferentes en grado; Los extremos se encuentran; todas las verdades son verdades a medias; todas las paradojas pueden reconciliarse.**»

El Kybalión.

El gran Cuarto Principio Hermético —el Principio de Polaridad— encarna la verdad de que todas las cosas manifestadas tienen "dos lados"; "dos aspectos"; "dos polos"; un "par de opuestos", con múltiples grados entre los dos extremos. Las viejas paradojas, que siempre han dejado perpleja la mente de los hombres, se explican por la comprensión de este Principio. El hombre siempre ha reconocido algo afín a este Principio, y se ha esforzado en expresarlo con dichos, máximas y aforismos como los siguientes: "Todo es y no es, al mismo tiempo"; "todas las verdades son verdades a medias"; "toda verdad es medio falsa"; "hay dos lados en todo"; "hay un reverso para cada escudo", etc.

Las Enseñanzas Herméticas son en el sentido de que la diferencia entre cosas aparentemente diametralmente opuestas entre sí es simplemente una cuestión de grado. Enseña que "los pares de opuestos pueden reconciliarse", y que "tesis y antítesis son idénticas en naturaleza, pero diferentes en grado"; y que la "reconciliación universal de los opuestos" se efectúa mediante el reconocimiento de este Principio de Polaridad. Los maestros afirman que se pueden encontrar ejemplos de este Principio en todas partes, y desde un examen de la naturaleza real de cualquier cosa. Comienzan mostrando que el Espíritu y la Materia no son más que los dos polos de una misma cosa, siendo los planos intermedios meros grados de vibración. Muestran que EL TODO y Los Muchos son lo mismo, siendo la diferencia meramente una cuestión de grado de Manifestación Mental. Así, la LEY y las Leyes son los dos polos opuestos de una cosa. Asimismo, PRINCIPIO y Principios. Mente infinita y mentes finitas.

Luego, pasando al Plano Físico, ilustran el Principio mostrando que el Calor y el Frío son de naturaleza idéntica, siendo las diferencias meramente una cuestión de grados. El termómetro muestra muchos grados de temperatura, el polo más bajo se llama "frío" y el más alto "calor". Entre estos dos polos hay muchos grados de "calor" o "frío", llámalos de cualquier manera y tienes la misma razón. El más alto de dos grados es siempre "más cálido", mientras que el más bajo es siempre "más frío". No existe un estándar absoluto, todo es una cuestión de grado. No hay lugar en el termómetro donde cese el calor y comience el frío. Todo es cuestión de vibraciones más altas o más bajas. Los mismos términos "alto" y "bajo", que nos vemos obligados a usar, no son más que polos de lo mismo: los términos son relativos. Entonces, con "Este y Oeste": viaja alrededor del mundo en dirección este, y llegas a un punto que se llama oeste en tu punto de partida, y regresas desde ese punto hacia el oeste. Viaja lo suficientemente al norte y te encontrarás viajando al sur, o viceversa.

La Luz y la Oscuridad son polos de una misma cosa, con muchos grados entre ellos. La escala musical es la misma: comenzando con "C" (Do) se avanza hacia arriba hasta llegar a otra "C", y así sucesivamente, las diferencias entre los dos extremos del tablero son las mismas, con muchos grados entre los dos extremos. La escala de color es la misma: las vibraciones más altas y más bajas son la única diferencia entre el violeta alto y el rojo bajo. Grande y pequeño son relativos. También lo son el Ruido y el Silencio; Duro y Blando siguen la regla. Del mismo modo agudo y aburrido. Positivo y Negativo son dos polos de lo mismo, con innumerables grados entre ellos.

El bien y el mal no son absolutos: llamamos a un extremo de la escala Bueno y al otro Malo, o a un extremo "El Bien" y al otro, "El Mal", según el uso de los términos. Una cosa es "menos buena" que la cosa más alta en la escala; pero esa cosa "menos buena", a su vez, es "más buena" que la cosa inmediatamente inferior a ella, y así sucesivamente, siendo regulado el "más o menos" por la posición en la escala.

Y así es en el Plano Mental. El "amor y el odio" generalmente se consideran cosas diametralmente opuestas entre sí, completamente diferentes, irreconciliables. Pero aplicamos el Principio de Polaridad;

encontramos que no existe tal cosa como el Amor Absoluto o el Odio Absoluto, que se distinguen entre sí. Los dos son meros términos aplicados a los dos polos de la misma cosa. Comenzando en cualquier punto de la escala, encontramos "más amor" o "menos odio", a medida que ascendemos en la escala; y "más odio" o "menos amor" a medida que descendemos; esto es cierto sin importar desde qué punto, alto o bajo, podamos comenzar. Hay grados de Amor y Odio, y hay un punto medio donde "Me gusta y No me gusta" se vuelven tan débiles que es difícil distinguirlos. Coraje y Miedo se rigen por la misma regla. Los Pares de Opuestos existen en todas partes. Donde encuentras una cosa, encuentras su opuesto: los dos polos.

Y es este hecho el que permite al hermetista transmutar un estado mental en otro, siguiendo las líneas de la polarización. Las cosas que pertenecen a diferentes clases no pueden transmutarse unas en otras, pero las cosas de la misma clase pueden cambiarse, es decir, pueden cambiar su polaridad. Así, el Amor nunca se convierte en Oriente u Occidente, o en Rojo o Violeta, pero puede convertirse, ya menudo lo hace, en Odio, y del mismo modo el Odio puede transformarse en Amor, cambiando su polaridad. El Coraje puede transmutarse en Miedo, y viceversa. Las cosas duras pueden volverse blandas. Las cosas aburridas se vuelven afiladas. Las cosas calientes se vuelven frías. Y así sucesivamente, dándose siempre la transmutación entre cosas de la misma especie en grados diferentes. Tomemos el caso de un hombre Temeroso. Al elevar sus vibraciones mentales a lo largo de la línea de Miedo-Coraje, puede llenarse con el más alto grado de Coraje y Audacia. Y, del mismo modo, el hombre Perezoso puede transformarse en un individuo Activo y Energético, simplemente polarizándose a lo largo de las líneas de la cualidad deseada.

El estudiante que está familiarizado con los procesos mediante los cuales las diversas escuelas de la ciencia mental, etc., producen cambios en los estados mentales de quienes siguen sus enseñanzas, puede que no comprenda fácilmente el principio subyacente a muchos de estos cambios. Sin embargo, una vez que se capta el principio de polaridad y se ve que los cambios mentales son ocasionados por un cambio de polaridad —un deslizamiento a lo largo de la misma escala—, el asunto se comprende más fácilmente. El cambio no está en la naturaleza de una transmutación de una cosa en otra completamente diferente, sino que es simplemente un cambio de grado en las mismas cosas, una diferencia muy importante. Por ejemplo, tomando prestada una analogía del Plano Físico, es imposible cambiar el Calor en Agudeza, Sonoridad, Alteza, etc., pero el Calor puede fácilmente transmutarse en Frío, simplemente bajando las vibraciones. De la misma manera el Odio y el Amor son mutuamente transmutables; también lo son el Miedo y el Coraje. Pero el Miedo no se puede transformar en Amor, ni el Coraje se puede transmutar en Odio. Los estados mentales pertenecen a innumerables clases, cada una de las cuales tiene sus polos opuestos, a lo largo de los cuales es posible la transmutación.

El estudiante reconocerá fácilmente que en los estados mentales, así como en los fenómenos del Plano

Físico, los dos polos pueden clasificarse como Positivo y Negativo, respectivamente. Así el Amor es Positivo al Odio; Valor para el miedo; Actividad a No-Actividad, etc., etc.: Y también se notará que incluso para aquellos que no están familiarizados con el Principio de Vibración, el polo Positivo parece ser de un grado más alto que el Negativo, y fácilmente lo domina. La tendencia de la Naturaleza va en la dirección de la actividad dominante del polo Positivo.

Además del cambio de los polos de los propios estados mentales por la operación del arte de la Polarización, el fenómeno de la Influencia Mental, en sus múltiples fases, nos muestra que el principio puede extenderse para abarcar los fenómenos de la influencia de una mente sobre la de otra, de la que tanto se ha escrito y enseñado en los últimos años. Cuando se comprende que la inducción mental es posible, es decir, que los estados mentales pueden ser producidos por "inducción" de otros, entonces podemos ver fácilmente cómo una determinada tasa de vibración o polarización de un determinado estado mental puede comunicarse a otro. persona, y así cambió su polaridad en esa clase de estados mentales. Es bajo este principio que se obtienen los resultados de muchos de los "tratamientos mentales". Por ejemplo, una persona es "azul", melancólica y llena de miedo. Un científico mental elevando su propia mente a la vibración deseada por medio de su voluntad entrenada, y obteniendo así la polarización deseada en su propio caso, produce entonces un estado mental similar en el otro por inducción, siendo el resultado que las vibraciones se elevan y la la persona se polariza hacia el extremo Positivo de la escala en lugar de hacia el Negativo, y su Miedo y otras emociones negativas se transmutan en Coraje y estados mentales positivos similares. Un pequeño estudio les mostrará que estos cambios mentales están casi todos en la línea de la polarización, siendo el cambio de grado más que de tipo.

El conocimiento de la existencia de este gran Principio Hermético permitirá al estudiante comprender mejor sus propios estados mentales y los de otras personas. Verá que estos estados son todos cuestiones de grado, y al ver esto, podrá elevar o disminuir la vibración a voluntad, para cambiar sus polos mentales, y así ser el amo de sus estados mentales, en lugar de ser su sirviente y esclavo. Y por su conocimiento podrá ayudar inteligentemente a sus compañeros, y por los métodos apropiados cambiar la polaridad cuando lo mismo sea deseable. Aconsejamos a todos los estudiantes que se familiaricen con este Principio de Polaridad, ya que una comprensión correcta del mismo arrojará luz sobre muchos temas difíciles.

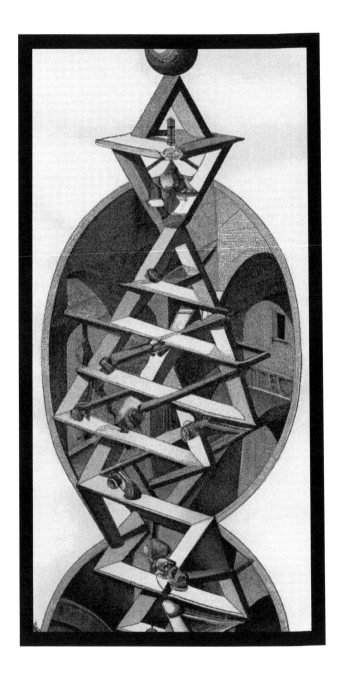

CAPÍTULO XI

RITMO

«Todo fluye hacia afuera y hacia adentro; todo tiene sus mareas; todas las cosas suben y bajan; el péndulo-oscilación se manifiesta en todo; la medida de la oscilación a la derecha, es la medida de la oscilación a la izquierda; el ritmo compensa.»

El Kybalión

El gran Quinto Principio Hermético, el Principio del Ritmo, encarna la verdad de que en todo se manifiesta un movimiento medido; un movimiento de ida y vuelta; un flujo y entrada; un columpio hacia adelante y hacia atrás; un movimiento de péndulo; un flujo y reflujo parecido a una marea; una pleamar y una bajamar; entre los dos polos se manifiestan en los planos físico, mental o espiritual. El Principio del Ritmo está íntimamente relacionado con el Principio de Polaridad descrito en el capítulo anterior. El ritmo se manifiesta entre los dos polos establecidos por el Principio de Polaridad. Esto no significa, sin embargo, que el péndulo del Ritmo oscile hacia los polos extremos, ya que esto raramente sucede; de hecho, es difícil establecer los polos opuestos extremos en la mayoría de los casos. Pero la oscilación es siempre "hacia" primero un polo y luego el otro.

Siempre hay una acción y una reacción; un avance y un retroceso; un ascenso y un hundimiento; manifestados en todos los aires y fenómenos del Universo. Soles, mundos, hombres, animales, plantas, minerales, fuerzas, energía, mente y materia, sí, incluso el Espíritu, manifiesta este Principio. El Principio se manifiesta en la creación y destrucción de mundos; en el auge y la caída de las naciones; en la historia de vida de todas las cosas; y finalmente en los estados mentales del Hombre.

Comenzando con las manifestaciones del Espíritu —de EL TODO— se notará que siempre hay Emanación y Retracción; la "exhalación e inhalación de Brahm", como lo llaman los brahmanes. Se crean universos; alcanzan su punto más bajo de materialidad; y luego comienzan su oscilación ascendente. Los soles surgen, y luego de haber alcanzado su punto máximo de poder, comienzan el proceso de retroceso, y después de eones se convierten en masas muertas de materia, esperando otro impulso que vuelve a poner en actividad sus energías internas y comienza un nuevo ciclo de vida solar. Y así es con todos los mundos; nacen, crecen y mueren; solo para renacer. Y así es con todas las cosas de figura y forma; oscilan de la acción a la reacción; desde el nacimiento hasta la muerte; de la actividad a la inactividad, y luego de regreso. Así es con todos los seres vivos; nacen, crecen y mueren, y luego renacen. Así sucede con todos los grandes movimientos, filosofías, credos, modas, gobiernos, naciones y todo lo demás: nacimiento, crecimiento, madurez, decadencia, muerte, y luego el nuevo nacimiento. La oscilación del péndulo siempre es evidente.

La noche sigue al día; y día noche. El péndulo oscila de Verano a Invierno, y luego de regreso. Los corpúsculos, los átomos, las moléculas y todas las masas de materia, giran alrededor del círculo de su naturaleza. No existe el reposo absoluto, o la cesación del movimiento, y todo movimiento participa del Ritmo. El principio es de aplicación universal. Puede aplicarse a cualquier cuestión o fenómeno de cualquiera de los muchos planos de la vida. Puede aplicarse a todas las fases de la actividad humana. Siempre existe la oscilación rítmica de un polo al otro. El Péndulo Universal está siempre en movimiento. Las Mareas de la Vida entran y salen, según la Ley.

El Principio del Ritmo es bien entendido por la ciencia moderna y se considera una ley universal aplicada a las cosas materiales. Pero los herméticos llevan el principio mucho más allá, y saben que sus manifestaciones e influencia se extienden a las actividades mentales del Hombre, y que explica la desconcertante sucesión de estados de ánimo, sentimientos y otros cambios molestos y desconcertantes que notamos en nosotros mismos. Sin embargo, al estudiar las operaciones de este Principio, los hermetistas han aprendido a escapar —por medio de la Transmutación— de algunas de sus actividades.

Los Maestros Herméticos descubrieron hace mucho tiempo que mientras el Principio del Ritmo era invariable, y siempre en evidencia en los fenómenos mentales, todavía había dos planos de su manifestación en lo que se refiere a los fenómenos mentales. Descubrieron que había dos planos generales de Conciencia, el Inferior y el Superior, cuya comprensión les permitió elevarse al plano superior y así escapar de la oscilación del péndulo rítmico que se manifestaba en el plano inferior. En otras palabras, la oscilación del péndulo ocurrió en el Plano Inconsciente, y la Conciencia no se vio afectada. A esto lo llaman la Ley de la Neutralización. Sus operaciones consisten en la elevación del Ego por encima de las vibraciones del Plano Inconsciente de la actividad mental, de modo que la oscilación negativa del péndulo no se manifieste en la conciencia, y por lo tanto no se vean afectados. Es como elevarse por encima de una cosa y dejarla pasar por debajo de ti. El Maestro Hermético o el estudiante avanzado se polariza en el polo deseado, y mediante un proceso similar a "rehusarse" a participar en la oscilación hacia atrás, o, si se prefiere, una "negación" de su influencia sobre él, se mantiene firme en su posición polarizada y permite que el péndulo mental oscile hacia atrás a lo largo del plano inconsciente. Todos los individuos que han alcanzado algún grado de autodominio, logran esto, más o menos sin saberlo, y al negarse a permitir que sus estados de ánimo y estados mentales negativos los afecten, aplican la Ley de Neutralización. El Maestro, sin embargo, lleva esto a un grado mucho más alto de habilidad, y por el uso de su Voluntad alcanza un grado de Equilibrio y Firmeza Mental casi imposible de creer por parte de aquellos que se dejan balancear hacia adelante y hacia atrás por el péndulo mental de estados de ánimo y sentimientos.

La importancia de esto será apreciada por cualquier persona pensante que se dé cuenta de qué criaturas de estados de ánimo, sentimientos y emociones son la mayoría de las personas, y cuán poco dominio de sí mismas manifiestan. Si se detienen y consideran un momento, se darán cuenta de cuánto les han afectado estos cambios de ritmo en sus vidas: cómo un período de entusiasmo ha sido seguido invariablemente por un sentimiento opuesto y un estado de ánimo de depresión. Asimismo, sus estados de ánimo y periodos de Coraje han sido sucedidos por estados de ánimo iguales de Miedo. Y así ha sido siempre con la mayoría de las personas: las mareas de sentimientos siempre han subido y bajado con ellos, pero nunca han sospechado la causa o la razón de los fenómenos mentales. Una comprensión del funcionamiento de este Principio le dará a uno la clave para el Dominio de estos vaivenes rítmicos de sentimiento, y les permitirá conocerse mejor a sí mismos y evitar ser arrastrados por estos flujos de entrada y salida. La Voluntad es superior a la manifestación consciente de este Principio, aunque el Principio mismo nunca puede ser destruido. Podemos escapar de sus efectos, pero el Principio opera, no obstante. El péndulo oscila siempre, aunque podemos escapar de ser arrastrados por él.

Hay otras características de la operación de este Principio del Ritmo de las que queremos hablar en este punto. Entra en sus operaciones lo que se conoce como Ley de Compensación. Una de las definiciones o significados de la palabra "Compensar" es "contrapesar", que es el sentido en que los hermetistas usan el término. Es a esta Ley de Compensación a la que se refiere el Kybalión cuando dice: "La medida del giro a la derecha es la medida del giro a la izquierda; el ritmo compensa."

La Ley de Compensación es que la oscilación en una dirección determina la oscilación en la dirección opuesta, o hacia el polo opuesto: uno equilibra o contrarresta al otro. En el Plano Físico vemos muchos ejemplos de esta Ley. El péndulo del reloj oscila una cierta distancia hacia la derecha y luego la misma distancia hacia la izquierda. Las estaciones se equilibran entre sí de la misma manera. Las mareas siguen la misma Ley. Y la misma Ley se manifiesta en todos los fenómenos del Ritmo. El péndulo, con una oscilación corta en una dirección, tiene una oscilación corta en la otra; mientras que el largo giro a la derecha invariablemente significa el largo giro a la izquierda. Un objeto lanzado hacia arriba a cierta altura tiene la misma distancia que recorrer en su regreso. La fuerza con la que se envía un proyectil hacia arriba una milla se reproduce cuando el proyectil regresa a la tierra en su viaje de regreso. Esta Ley es constante en el Plano Físico, como lo mostrará la referencia a las autoridades estándar.

Pero los hermetistas lo llevan aún más lejos. Enseñan que los estados mentales de un hombre están sujetos a la misma Ley. El hombre que disfruta mucho, está sujeto a sufrir mucho; mientras que el que siente poco dolor es capaz de sentir poca alegría. El cerdo sufre muy poco mentalmente y disfruta muy poco: es compensado. Y por otro lado, hay otros animales que disfrutan mucho, pero cuyo organismo nervioso y temperamento les hace sufrir grados de dolor exquisitos. Y así es con el Hombre. Hay temperamentos que sólo permiten grados bajos de disfrute e igualmente bajos grados de sufrimiento; mientras que hay otras que permiten el disfrute más intenso, pero también el sufrimiento más intenso. La regla es que la capacidad de dolor y placer, en cada individuo, estén equilibradas. La Ley de Compensación está en pleno funcionamiento aquí.

Pero los hermetistas van aún más lejos en este asunto. Enseñan que antes de que uno sea capaz de disfrutar de un cierto grado de placer, debe haber oscilado tanto, proporcionalmente, hacia el otro polo del sentimiento. Sostienen, sin embargo, que lo Negativo es anterior a lo Positivo en este asunto, es decir, que al experimentar un cierto grado de placer no se sigue que tendrá que "pagarlo" con el correspondiente grado de dolor; por el contrario, el placer es el vaivén Rítmico, según la Ley de Compensación, por un grado de dolor previamente experimentado ya sea en la vida presente, o en una encarnación anterior. Esto arroja una nueva luz sobre el Problema del Dolor.

Los herméticos consideran la cadena de vidas como continua y como parte de una vida del individuo, de modo que, en consecuencia, el movimiento rítmico se entiende de esta manera, mientras que carecería de significado a menos que se admitiera la verdad de la reencarnación.

Pero los herméticos afirman que el Maestro o estudiante avanzado es capaz, en gran medida, de escapar del impulso hacia el Dolor, mediante el proceso de Neutralización antes mencionado. Al ascender al plano superior del Ego, gran parte de la experiencia que les llega a quienes moran en el plano inferior se evita y se escapa.

La Ley de Compensación juega un papel importante en la vida de hombres y mujeres. Se notará que uno generalmente "paga el precio" de todo lo que posee o le falta. Si tiene una cosa, le falta otra: se alcanza el equilibrio. Nadie puede "quedarse con su centavo y tener un trozo de pastel" al mismo tiempo. Todo tiene sus lados agradables y desagradables. Las cosas que uno gana siempre se pagan con las cosas que uno pierde. Los ricos poseen mucho de lo que carecen los pobres, mientras que los pobres a menudo poseen cosas que están fuera del alcance de los ricos. El millonario puede tener la inclinación hacia los banquetes y la riqueza con la que asegurar todos los manjares y lujos de la mesa, mientras que carece del apetito para disfrutar de los mismos; envidia el apetito y la digestión del trabajador, que carece de la riqueza y las inclinaciones del millonario, y que obtiene más placer de su simple comida de lo que el millonario podría obtener incluso si su apetito no estuviera hastiado, ni su digestión arruinada por las necesidades, los hábitos y las inclinaciones difieren. Y así es a lo largo de la vida. La

Ley de Compensación está siempre en operación, esforzándose por equilibrar y contrarrestar, y siempre teniendo éxito en el tiempo, aunque se requieran varias vidas para que el Péndulo del Ritmo oscile de regreso.

CAPÍTULO XII

CAUSALIDAD

«Toda Causa tiene su Efecto; todo Efecto tiene su Causa; todo sucede conforme a Ley; la casualidad no es más que un nombre para la Ley no reconocida; hay muchos planos de causalidad, pero nada escapa a la Ley.»

El Kybalión

El gran Sexto Principio Hermético, el Principio de Causa y Efecto, encarna la verdad de que la Ley impregna el Universo; que nada sucede por casualidad; que la casualidad es simplemente un término que indica una causa existente pero no reconocida o percibida; ese fenómeno es continuo, sin interrupción ni excepción.

El Principio de Causa y Efecto subyace a todo pensamiento científico, antiguo y moderno, y fue enunciado por los Maestros Herméticos en los primeros tiempos. Si bien desde entonces han surgido muchas y variadas disputas entre las muchas escuelas de pensamiento, estas disputas se han centrado principalmente en los detalles de las operaciones del Principio, y aún más a menudo en el significado de ciertas palabras. El Principio subyacente de Causa y Efecto ha sido aceptado como correcto por prácticamente todos los pensadores del mundo dignos de ese nombre. Pensar de otro modo sería sacar los fenómenos del universo del dominio de la Ley y el Orden, y relegarlos al control de ese algo imaginario que los hombres han llamado "Casualidad".

Un poco de consideración le mostrará a cualquiera que en realidad no existe tal cosa como la casualidad pura. Webster define la palabra "Casualidad" de la siguiente manera: "Un supuesto agente o modo de actividad que no sea una fuerza, ley o propósito; la operación o actividad de dicho agente; el supuesto efecto de tal agente; un suceso; casualidad; casualidad, etc." Pero un poco de consideración le mostrará que no puede haber tal agente como "Casualidad", en el sentido de algo fuera de la Ley, algo fuera de Causa y Efecto. ¡Cómo podría haber algo actuando en el universo fenoménico, independientemente de las leyes, el orden y la continuidad de este último! Algo así sería completamente independiente de la tendencia ordenada del universo y, por lo tanto, superior a él. No podemos imaginar nada fuera de EL TODO siendo fuera de la Ley, y eso solo porque EL TODO es la LEY en sí mismo. No hay lugar en el universo para algo fuera e independiente de la Ley. La existencia de dicho Algo haría que todas las Leyes Naturales fueran ineficaces y hundiría al universo en un desorden caótico y sin ley.

Una pequeña consideración le mostrará a cualquiera que no hay en realidad tal cosa como la casualidad pura. Webster define la palabra «casualidad» como sigue: «Un agente o modo de actividad supuesto diferente de una fuerza, ley o propósito; la operación o actividad de tal agente; el supuesto efecto de un agente tal; un acontecimiento, accidente, etc.» Pero una pequeña consideración les mostrará que no puede haber un agente tal como la «casualidad», en el sentido de algo fuera de la ley, algo fuera de la causa y el efecto. ¿Cómo podría haber algo actuando en el universo fenoménico, independiente de las leyes, el orden y la continuidad del último? Un algo así sería enteramente independiente de la inclinación ordenada del universo, y por tanto, superior a ella. No podemos imaginar nada fuera de EL TODO estando fuera de la ley, y eso sólo porque EL TODO es la LEY en sí. No hay sitio en el universo para algo exterior e independiente a la ley. La existencia de un algo así haría todas las leyes naturales inefectivas, y sumiría el universo en el desorden caótico y la falta de ley.

Un examen cuidadoso mostrará que lo que llamamos "Casualidad" es simplemente una expresión relacionada con causas oscuras; causas que no podemos percibir; causas que no podemos entender. La palabra Casual se deriva de una palabra que significa "caer" (como la caída de los dados), la idea es que la caída de los dados (y muchos otros sucesos) son simplemente un "suceso" sin relación con ninguna causa. Y este es el sentido en el que generalmente se emplea el término. Pero cuando se examina detenidamente el asunto, se ve que no hay posibilidad alguna sobre la caída de los dados. Cada vez que cae un dado, y muestra un número determinado, obedece a una ley tan infalible como la que rige la revolución de los planetas alrededor del sol. Detrás de la caída del dado hay causas, o cadenas de causas, que van más allá de lo que la mente puede seguir. La posición del dado en la caja; la cantidad de energía muscular gastada en el lanzamiento; la condición de la mesa, etc., todas son causas cuyo efecto puede verse. Pero detrás de estas causas visibles hay cadenas de causas precedentes invisibles, todas las cuales tenían relación con el número del dado que caía en la parte superior.

Si se lanza un dado un gran número de veces, se encontrará que los números mostrados serán aproximadamente iguales, es decir, habrá un número igual de uno, dos puntos, etc., saliendo hacia arriba. Lancen un centavo al aire, y puede salir "cara" o "cruz"; pero hagan un número suficiente de lanzamientos, y las caras y las cruces se igualarán. Esta es la operación de la ley del promedio. Pero tanto el lanzamiento promedio como el único están sujetos a la Ley de Causa y Efecto, y si pudiéramos examinar las causas anteriores, sería claro que era simplemente imposible que el dado cayera de otra manera que lo hizo, bajo las mismas circunstancias y al mismo tiempo. Dadas las mismas causas, seguirán los mismos resultados. Siempre hay una "causa" y un "porque" para cada evento. Nada "sucede" nunca sin una causa, o más bien una cadena de causas.

Ha surgido cierta confusión en las mentes de las personas que consideran este Principio, por el hecho de que no pudieron explicar cómo una cosa podría causar otra cosa, es decir, ser el "creador" de la segunda cosa. De hecho, ninguna "cosa" causa o "crea" otra "cosa". Causa y efecto se ocupa simplemente de "eventos". Un "evento" es "aquello que viene, llega o sucede, como resultado o consecuencia de algún evento anterior". Ningún evento "crea" otro evento, sino que es meramente un eslabón precedente en la gran cadena ordenada de eventos que fluyen de la energía creativa de EL TODO. Hay una continuidad entre todos los eventos precedentes, consecuentes y posteriores. Existe una relación entre todo lo que ha pasado antes y todo lo que sigue. Una piedra se desprende de la ladera de una montaña y se estrella contra el techo de una cabaña en el valle de abajo. A primera vista consideramos esto como un efecto del azar, pero cuando examinamos el asunto encontramos una gran cadena de causas detrás de él. En primer lugar estaba la lluvia que ablandaba la tierra que sostenía la piedra y que la dejaba caer; luego detrás de eso estaba la influencia del sol, otras lluvias, etc., que gradualmente desintegró el pedazo de roca de un pedazo más grande; luego estaban las causas que condujeron a la formación de la montaña, y su agitación por convulsiones de la naturaleza, y así hasta el infinito. Luego podríamos investigar las causas detrás de la lluvia, etc. Luego podríamos considerar la existencia del techo. En resumen, pronto nos encontraríamos involucrados en una red de causa y efecto, de la cual pronto nos esforzaríamos por salir.

Así como un hombre tiene dos padres, y cuatro abuelos, y ocho bisabuelos, y dieciséis tatarabuelos, y así sucesivamente hasta que, digamos, cuarenta generaciones se calculan, el número de antepasados asciende a muchos millones, así es con la cantidad de causas detrás incluso del evento o fenómeno más insignificante, como el paso de una pequeña mota de hollín ante su ojo. No es fácil rastrear el rastro de hollín hasta el período temprano de la historia del mundo cuando formó parte de un enorme tronco de árbol, que luego se convirtió en carbón, y así sucesivamente, hasta que la mota de hollín ahora pasa ante tu visión en su camino hacia otras aventuras. Y una poderosa cadena de eventos, causas y efectos la trajeron a su condición actual, y esta última es solo una de la cadena de eventos que producirá otros eventos dentro de cientos de años. Uno de la serie de hechos que surgieron del diminuto hollín fue la escritura de estas líneas, que hizo que el cajista realizara cierto trabajo; el corrector de pruebas a hacer lo mismo; y que despertará ciertos pensamientos en su mente y en la de otros, que a su vez afectarán a otros, y así sucesivamente, más allá de la capacidad del hombre para pensar más, y todo por el paso de un poquito de hollín, todo lo cual muestra la relatividad y asociación de las cosas, y el hecho adicional de que "no hay grande; no hay pequeño; en la mente que causó todo."

Deténganse a pensar un momento. Si cierto hombre no hubiera conocido a cierta doncella, en el oscuro período de la Edad de Piedra, tú, que ahora estás leyendo estas líneas, no estarías aquí. Y si, quizás, la misma pareja no se hubiera encontrado, los que ahora escribimos estas líneas no estaríamos aquí. Y el mismo acto de escribir, de nuestra parte, y el acto de leer, de la suya, afectará no sólo sus respectivas vidas y las de nosotros mismos, sino que también tendrá un efecto directo o indirecto sobre muchas otras personas que ahora viven y viven. que vivirá en los siglos venideros. Cada pensamiento que pensamos, cada acto que realizamos, tiene sus resultados directos e indirectos que encajan en la gran cadena de Causa y Efecto.

No deseamos entrar en una consideración de Libre Albedrío, o Determinismo, en este trabajo, por varias razones. Entre las muchas razones, la principal es que ninguno de los lados de la controversia tiene toda la razón; de hecho, ambos lados tienen parte de la razón, según las Enseñanzas Herméticas. El Principio de la Polaridad muestra que ambas no son más que Medias Verdades, los polos opuestos de la Verdad. Las Enseñanzas son que un hombre puede ser tanto Libre como atado por la Necesidad, dependiendo del significado de los términos y de la altura de la Verdad desde la cual se examina el asunto. Los escritores antiguos expresan el asunto así: "Cuanto más lejos está la creación del Centro, más atada está; cuanto más cerca del Centro llega, más libre está".

La mayoría de las personas son más o menos esclavas de la herencia, del ambiente, etc., y manifiestan muy poca Libertad. Se dejan influir por las opiniones, costumbres y pensamientos del mundo exterior, y también por sus emociones, sentimientos, estados de ánimo, etc. No manifiestan Maestría, digna de ese nombre. Repudian indignados esta afirmación, diciendo: "Ciertamente soy libre de actuar y hacer lo que me plazca; hago exactamente lo que quiero hacer", pero no logran explicar de dónde surgen los "quiero" y "lo que me plazca". Qué les hace "querer" hacer una cosa con preferencia a otra; ¡Qué les hace "por favor" hacer esto y no hacer aquello! ¿No hay un "porque" a su "agrado" y "querer"? El Maestro puede cambiar estos "placeres" y "deseos" por otros en el extremo opuesto del polo mental. Es capaz de "querer querer", en lugar de querer porque algún sentimiento, estado de ánimo, emoción o sugerencia ambiental despierta en él una tendencia o deseo de hacerlo.

La mayoría de las personas son llevadas como la piedra que cae, obediente al entorno, a las influencias externas y a los estados de ánimo internos, deseos, etc., por no hablar de los deseos y voluntades de otros más fuertes que ellos, la herencia, el entorno y la sugestión, llevándolos. adelante sin resistencia de su parte, o el ejercicio de la Voluntad. Movidos como los peones en el tablero de ajedrez de la vida, juegan sus papeles y se dejan de lado una vez que termina el juego. Pero los Maestros, conociendo las reglas del juego, se elevan por encima del plano de la vida material y, poniéndose en contacto con los poderes superiores de su naturaleza, dominan sus propios estados de ánimo, carácter, cualidades y polaridad, así como el entorno que los rodea. ellos y así convertirse en Motores en el juego, en lugar de Peones —Causas en lugar de Efectos. Los Maestros no escapan a la Causalidad de los planos superiores, sino que se unen a las leyes superiores y, por lo tanto, dominan las circunstancias en el plano inferior. Forman así parte consciente de la Ley, en lugar de ser meros instrumentos ciegos. Mientras Sirven en los Planos Superiores, Gobiernan en el Plano Material.

Pero, en lo alto y en lo bajo, la Ley está siempre en operación. No hay tal cosa como la casualidad. La diosa ciega ha sido abolida por la Razón. Podemos ver ahora, con ojos aclarados por el conocimiento, que todo está gobernado por la Ley Universal, que el número infinito de leyes no son más que manifestaciones de la Única Gran Ley, la LEY que es EL TODO. Cierto es que ni un gorrión cae desapercibido para la Mente de EL TODO, que hasta los cabellos de nuestra cabeza están contados, como dicen las escrituras. No hay nada fuera de la Ley; nada de lo que sucede contrario a ella. Y, sin embargo, no cometas el error de suponer que el Hombre no es más que un autómata ciego, lejos de eso. Las Enseñanzas Herméticas son que el Hombre puede usar la Ley para vencer las leyes, y que lo superior siempre prevalecerá sobre lo inferior, hasta que finalmente haya alcanzado la etapa en la que busca refugio en la LEY misma, y se ríe de las leyes fenoménicas con desdén. ¿Eres capaz de captar el significado interno de esto?

CAPÍTULO XIII

GÉNERO

«El Género está en todo; todo tiene sus Principios Masculino y Femenino; el Género se manifiesta en todos los planos.»

El Kybalión

El gran Séptimo Principio Hermético —el Principio de Género— encarna la verdad de que hay Género manifestado en todo, que los principios Masculino y Femenino están siempre presentes y activos en todas las fases de los fenómenos, en todos y cada uno de los planos de la vida. Llegados a este punto, nos parece bien llamar su atención sobre el hecho de que Género, en su sentido hermético, y Sexo en el uso corrientemente aceptado del término, no son lo mismo.

La palabra "Género" se deriva de la raíz latina que significa "engendrar; procrear; para generar; crear; para producir." Un momento de consideración le mostrará que la palabra tiene un significado mucho más amplio y más general que el término "Sexo", refiriéndose este último a la distinción física entre seres vivos masculinos y femeninos. El sexo es meramente una manifestación del Género en cierto plano del Gran Plano Físico, el plano de la vida orgánica. Deseamos grabar esta distinción en sus mentes, por la razón de que ciertos escritores, que han adquirido nociones de Filosofía Hermética, han tratado de identificar este Séptimo Principio Hermético con teorías y enseñanzas salvajes y extravagantes, y a menudo reprensibles, con respecto al Sexo.

El oficio del Género es únicamente el de crear, producir, generar, etc., y sus manifestaciones son visibles en todos los planos de los fenómenos. Es algo difícil producir pruebas de esto a lo largo de líneas científicas, por la razón de que la ciencia aún no ha reconocido este Principio como de aplicación universal. Pero todavía están llegando algunas pruebas de fuentes científicas. En primer lugar, encontramos una manifestación distinta del Principio de Género entre los corpúsculos, iones o electrones, que constituyen la base de la Materia como la ciencia ahora conoce a estos últimos, y que formando ciertas combinaciones forman el Átomo, que hasta hace poco tiempo fue considerado como definitivo e indivisible.

La última palabra de la ciencia es que el átomo está compuesto por una multitud de corpúsculos, electrones o iones (diferentes autoridades aplican los diversos nombres) que giran unos alrededor de otros y vibran en un alto grado e intensidad. Pero se hace la declaración adjunta de que la formación del átomo se debe realmente al agrupamiento de corpúsculos negativos alrededor de uno positivo; los corpúsculos positivos parecen ejercer cierta influencia sobre los corpúsculos negativos, haciendo que estos últimos asuman ciertas combinaciones y así " crear" o "generar" un átomo. Esto está en línea con las Enseñanzas Herméticas más antiguas, que siempre han identificado el principio Masculino de Género con el "Positivo" y el Femenino con los Polos "Negativos" de Electricidad (así llamados).

Ahora una palabra en este punto con respecto a esta identificación. La mente del público se ha formado una impresión totalmente errónea con respecto a las cualidades del llamado polo "Negativo" de la Materia electrificada o magnetizada. Los términos Positivo y Negativo son muy mal aplicados por la ciencia a este fenómeno. La palabra Positivo significa algo real y fuerte, en comparación con una irrealidad o debilidad negativa. Nada más lejos de los hechos reales de los fenómenos eléctricos. El llamado polo Negativo de la batería es realmente el polo en el cual se manifiesta la generación o producción de nuevas formas y energías. No hay nada "negativo" al respecto. Las mejores autoridades científicas ahora usan la palabra "Cátodo" en lugar de "Negativo", la palabra Cátodo proviene de la raíz griega que significa "descenso; el camino de la generación, etc." Del polo Cátodo emerge el enjambre de electrones o corpúsculos; del mismo polo emergen esos maravillosos "rayos" que han revolucionado las concepciones científicas durante la última década. El polo del cátodo es la Madre de todos los fenómenos extraños que han hecho inútiles los viejos libros de texto y que han causado que muchas teorías aceptadas desde hace mucho tiempo sean relegadas al montón de chatarra de la especulación científica. El Cátodo, o Polo Negativo, es el Principio Madre de los Fenómenos Eléctricos, y de las mejores formas de materia hasta ahora conocidas por la ciencia. Como puede ver, estamos justificados al negarnos a usar el término "Negativo" en nuestra consideración del tema, y al insistir en sustituir la palabra "Femenino" por el antiguo término. Los hechos del caso nos confirman en esto, sin tomar en consideración las Enseñanzas Herméticas. Y así usaremos la palabra "Femenino" en lugar de "Negativo" al hablar de ese polo de actividad.

Las últimas enseñanzas científicas son que los corpúsculos creativos o electrones son Femeninos (la ciencia dice que "están compuestos de electricidad negativa", nosotros decimos que están compuestos de energía Femenina). Un corpúsculo Femenino se desprende, o más bien deja, un corpúsculo Masculino, y emprende una nueva carrera. Busca activamente la unión con un corpúsculo Masculino, apremiado por el impulso natural de crear nuevas formas de Materia o Energía. Un escritor va tan lejos como para usar el término "busca inmediatamente, por su propia voluntad, una unión", etc. Este desprendimiento y unión forman la base de la mayor parte de las actividades del mundo químico. Cuando el corpúsculo Femenino se une con un corpúsculo Masculino, se inicia cierto proceso. Las partículas Femeninas vibran rápidamente bajo la influencia de la energía Masculina y giran rápidamente alrededor de esta última. El resultado es el nacimiento de un nuevo átomo. Este nuevo átomo está realmente compuesto de una unión de los electrones Masculino y Femenino, o corpúsculos, pero cuando se forma la unión, el átomo es una cosa separada, que tiene ciertas propiedades, pero que ya no manifiesta la propiedad de la electricidad libre. El proceso de desprendimiento o separación de los electrones Femeninos se llama "ionización". Estos electrones, o corpúsculos, son los trabajadores más activos en el campo de la Naturaleza. Surgiendo de sus uniones o combinaciones, se manifiestan los variados fenómenos de luz, calor, electricidad, magnetismo, atracción, repulsión, afinidad química y fenómenos inversos y similares. Y todo esto surge de la operación del Principio de Género en el plano de la Energía.

La parte del principio Masculino parece ser la de dirigir una cierta energía inherente hacia el principio Femenino, y así poner en actividad los procesos creativos. Pero el principio Femenino es el que siempre está haciendo el trabajo creativo activo, y esto es así en todos los planos. Y sin embargo, cada principio es incapaz de energía operativa sin la ayuda del otro. En algunas de las formas de vida, los dos principios se combinan en un organismo. De hecho, todo en el mundo orgánico manifiesta ambos géneros: siempre está presente el Masculino en la forma Femenina y la forma Femenina. Las Enseñanzas Herméticas incluyen mucho sobre la operación de los dos principios de Género en la producción y manifestación de varias formas de energía, etc., pero no consideramos conveniente entrar en detalles sobre las mismas en este punto, porque no podemos para respaldar lo mismo con pruebas científicas, porque la ciencia aún no ha progresado hasta ahora. Pero el ejemplo que les hemos dado de los fenómenos de los electrones o corpúsculos les mostrará que la ciencia está en el camino correcto, y también les dará una idea general de los principios subyacentes.

Algunos destacados investigadores científicos han anunciado su creencia de que en la formación de cristales se encuentra algo que corresponde a la "actividad sexual", que es otra gota que muestra la dirección en la que soplan los vientos científicos. Y cada año traerá otros hechos para corroborar la corrección del Principio Hermético del Género. Se encontrará que el Género está en constante operación y manifestación en el campo de la materia inorgánica, y en el campo de la Energía o Fuerza. La electricidad ahora se considera generalmente como el "Algo" en el que todas las demás formas de energía parecen fundirse o disolverse. La "Teoría Eléctrica del Universo" es la última doctrina científica, y está creciendo rápidamente en popularidad y aceptación general. Y por lo tanto, si somos capaces de descubrir en los fenómenos de la electricidad, incluso en la raíz y fuente misma de sus manifestaciones, una evidencia clara e inequívoca de la presencia del Género y sus actividades, estamos justificados para pedirles que crean. que la ciencia por fin ha ofrecido pruebas de la existencia en todos los fenómenos universales de ese gran Principio Hermético: el Principio del Género.

No es necesario ocupar su tiempo con los conocidos fenómenos de la "atracción y repulsión" de los átomos; afinidad química; los "amores y odios" de las partículas atómicas; la atracción o cohesión entre las moléculas de la materia. Estos hechos son demasiado conocidos para necesitar un comentario extenso de nuestra parte. Pero, ¿alguna vez han considerado que todas estas cosas son manifestaciones del Principio de Género? ¿No ven que el fenómeno está "a gatas" con el de los corpúsculos o electrones? Y más que esto, ¿no pueden ver lo razonable de las Enseñanzas Herméticas que afirman que la misma Ley de Gravitación, esa extraña atracción por la cual todas las partículas y cuerpos de materia en el universo tienden unos hacia otros, no es más que otra manifestación de el Principio de Género, que opera en la dirección de atraer las energías Masculinas a las Femeninas, y viceversa? No podemos ofrecerles una prueba científica de esto en este momento, pero examinen los fenómenos a la luz de las Enseñanzas Herméticas sobre el tema, y vean si no tienen una hipótesis de trabajo mejor que cualquiera que ofrezca la ciencia física. Sometan todos los fenómenos físicos a prueba, y discernirán el Principio del Género siempre en evidencia.

Pasemos ahora a una consideración de la operación del Principio en el Plano Mental. Muchas características interesantes están esperando ser examinadas.

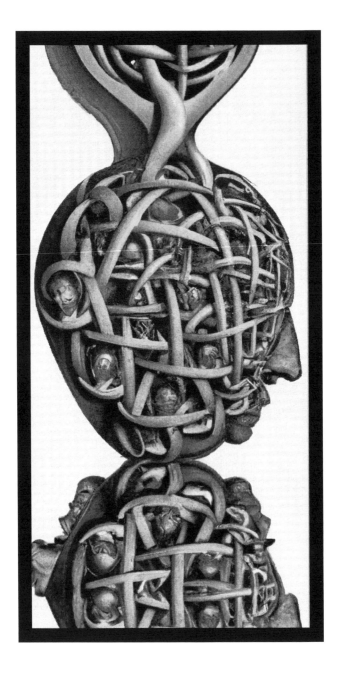

CAPÍTULO XIV

GÉNERO MENTAL

Los estudiantes de psicología que han seguido la tendencia moderna del pensamiento en la línea de los fenómenos mentales se sorprenden por la persistencia de la idea de la mente dual que se ha manifestado con tanta fuerza durante los últimos diez o quince años, y que ha dado lugar a una serie de de teorías plausibles sobre la naturaleza y constitución de estas "dos mentes". El difunto Thomson J. Hudson alcanzó gran popularidad en 1893 al presentar su bien conocida teoría de las "mentes objetiva y subjetiva" que, según él, existían en cada individuo. Otros escritores han atraído casi la misma atención por las teorías sobre las "mentes consciente y subconsciente"; las "mentes voluntarias e involuntarias"; "las mentes activa y pasiva", etc., etc. Las teorías de los diversos escritores difieren entre sí, pero permanece el principio subyacente de "la dualidad de la mente".

El estudiante de Filosofía Hermética se siente tentado a sonreír cuando lee y escucha estas muchas "teorías nuevas" con respecto a la dualidad de la mente, cada escuela se adhiere tenazmente a sus propias teorías favoritas y cada una afirma haber "descubierto la verdad". El estudiante retrocede en las páginas de la historia oculta, y retrocede en los oscuros comienzos de las enseñanzas ocultas y encuentra referencias a la antigua doctrina hermética del Principio del Género en el Plano Mental, la manifestación del Género Mental. Y examinando más a fondo, encuentra que la filosofía antigua tomó conocimiento del fenómeno de la "mente dual" y lo explicó mediante la teoría del género mental. Esta idea de género mental puede explicarse en pocas palabras a los estudiantes que estén familiarizados con las teorías modernas a las que se acaba de aludir. El Principio Masculino de la Mente corresponde a la llamada Mente Objetiva; Mente consciente; Mente Voluntaria; Mente Activa, etc. Y el Principio Femenino de la Mente corresponde a la llamada Mente Subjetiva; Mente inconsciente; Mente Involuntaria; Mente Pasiva, etc. Por supuesto, las Enseñanzas Herméticas no están de acuerdo con las muchas teorías modernas sobre la naturaleza de las dos fases de la mente, ni admiten muchos de los hechos reclamados para los dos aspectos respectivos, algunas de dichas teorías y afirmaciones. siendo muy inverosímil e incapaz de pasar la prueba del experimento y la demostración. Señalamos las fases de acuerdo meramente con el propósito de ayudar al estudiante a asimilar sus conocimientos previamente adquiridos con las enseñanzas de la Filosofía Hermética. Los estudiantes de Hudson notarán la declaración al comienzo de su segundo capítulo de "La ley de los fenómenos psíquicos", que: "La jerga mística de los filósofos herméticos revela la misma idea general"—i. e., la dualidad de la mente. Si el Dr. Hudson se hubiera tomado el tiempo y la molestia de descifrar un poco de "la jerga mística de la Filosofía Hermética", podría haber recibido mucha luz sobre el tema de "la mente dual", pero entonces, quizás, su trabajo más interesante podría no haber sido escrito. Consideremos ahora las Enseñanzas Herméticas con respecto al Género Mental.

Los Maestros Herméticos imparten su instrucción con respecto a este tema al pedir a sus estudiantes que examinen el informe de su conciencia con respecto a su Ser. Se pide a los estudiantes que vuelvan su atención hacia adentro, sobre el Ser que mora dentro de cada uno. A cada estudiante se le hace ver que su conciencia le da primero un informe de la existencia de su Ser: el informe es "Yo Soy". Al principio, estas parecen ser las palabras finales de la conciencia, pero un poco más de examen revela el hecho de que este "Yo Soy" puede estar separado o dividido en dos partes distintas, o aspectos, que mientras trabajan al unísono y en conjunto, sin embargo, pueden estar separados en la conciencia.

Si bien al principio parece existir solo un "yo", un examen más cuidadoso y detallado revela el hecho de que existe un "yo" y un "mí". Estos gemelos mentales difieren en sus características y naturaleza, y un examen de su naturaleza y de los fenómenos que surgen de ellos arrojará mucha luz sobre muchos de los problemas de la influencia mental.

Comencemos con una consideración del "mí", que el estudiante suele confundir con el "yo", hasta que lleva la indagación un poco más atrás en los recovecos de la conciencia. Un hombre piensa en su Ser (en su aspecto de "Mí") como compuesto de ciertos sentimientos, gustos, gustos, aversiones, hábitos, lazos peculiares, características, etc., todo lo cual va a formar su personalidad, o el "Yo" conocido por sí mismo y por los demás. Él sabe que estas emociones y sentimientos cambian; nacen y mueren; están sujetos al Principio del Ritmo y al Principio de la Polaridad, que lo llevan de un extremo a otro del sentimiento. También piensa en el "Yo" como cierto conocimiento reunido en su mente y, por lo tanto, formando parte de sí mismo. Este es el "Yo" de un hombre.

Pero hemos procedido con demasiada precipitación. Puede decirse que el "yo" de muchos hombres consiste en gran medida en su conciencia del cuerpo y sus apetitos físicos, etc. Su conciencia está ligada en gran medida a su naturaleza corporal, prácticamente "viven allí". Algunos hombres incluso llegan a considerar su vestimenta personal como parte de su "yo", y en realidad parecen considerarla parte de ellos mismos. Un escritor ha dicho con humor que "los hombres constan de tres partes: alma, cuerpo y ropa". Estas personas "conscientes de la ropa" perderían su personalidad si los salvajes los despojaran con motivo de un naufragio. Pero incluso muchos que no están tan estrechamente ligados a la idea de la vestimenta personal se adhieren estrechamente a la conciencia de que sus cuerpos son su "Yo". No pueden concebir un Sí mismo independiente del cuerpo. Su mente les parece ser prácticamente "un algo que pertenece a" su cuerpo, lo que en muchos casos es de hecho.

Pero a medida que el hombre asciende en la escala de la conciencia, es capaz de desenredar su "yo" de su idea de cuerpo, y es capaz de pensar en su cuerpo como "perteneciente a" su parte mental. Pero incluso entonces es muy apto para identificar el "Yo" enteramente con los estados mentales, sentimientos, etc., que siente que existen dentro de él. Es muy propenso a considerar estos estados internos como idénticos a él mismo, en lugar de que sean simplemente "cosas" producidas por alguna parte de su mentalidad y que existen dentro de él, de él y en él, pero aún no "él mismo". Ve que puede cambiar estos estados internos de sentimientos mediante un esfuerzo de voluntad, y que puede producir un sentimiento o estado de una naturaleza exactamente opuesta, de la misma manera, y sin embargo existe el mismo "Yo". Y así, después de un tiempo, puede dejar de lado estos diversos estados mentales, emociones, sentimientos, hábitos, cualidades, características y otras pertenencias mentales personales; puede dejarlos de lado en la colección "no-yo" de curiosidades y gravámenes, así como posesiones valiosas. Esto requiere mucha concentración mental y poder de análisis mental por parte del estudiante. Pero aun así la tarea es posible para el estudiante avanzado, e incluso aquellos que no son tan avanzados pueden ver, en la imaginación, cómo puede llevarse a cabo el proceso.

Después de que se haya realizado este proceso de dejar de lado, el estudiante se encontrará en posesión consciente de un "Sí mismo" que puede ser considerado en sus aspectos duales de "Yo" y "Mí". El "Yo" se sentirá como algo mental en el que se pueden producir pensamientos, ideas, emociones, sentimientos y otros estados mentales. Puede ser considerado como el "útero mental", como lo llamaron los antiguos, capaz de generar descendencia mental. Informa a la conciencia como un "Yo" con poderes latentes de creación y generación de progenie mental de todo tipo y clase. Sus poderes de energía creativa se sienten enormes. Pero todavía parece estar consciente de que debe recibir alguna forma de energía de su compañero "yo", o de algún otro "yo", antes de que pueda traer a la existencia sus creaciones mentales. Esta conciencia trae consigo la realización de una enorme capacidad de trabajo mental y habilidad creativa.

Pero el estudiante pronto descubre que esto no es todo lo que encuentra dentro de su conciencia interna. Él encuentra que existe un Algo mental que es capaz de desear que el "Yo" actúe de acuerdo con ciertas líneas creativas, y que también es capaz de mantenerse al margen y presenciar la creación mental. A esta parte de sí mismo se le enseña a llamar su "yo". Es capaz de descansar en su conciencia a voluntad. No encuentra allí una conciencia de la capacidad de generar y crear activamente, en el sentido del proceso gradual que acompaña a las operaciones mentales, sino más bien un sentido y una conciencia de la capacidad de proyectar una energía del "yo" al "mí", —un proceso de "querer" que la creación mental comience y proceda. También encuentra que el "yo" es capaz de mantenerse al margen y presenciar las operaciones de creación y generación mental del "yo". Existe este aspecto dual en la mente de cada persona. El "Yo" representa el Principio Masculino del Género Mental —el "Mí" representa el Principio Femenino. El "Yo" representa el Aspecto del Ser; el "Yo" el Aspecto del Devenir. Notarán que el Principio de Correspondencia opera en este plano tal como lo hace en el gran plano sobre el cual se lleva a cabo la creación de Universos. Los dos son similares en tipo, aunque muy diferentes en grado. "Tanto arriba como abajo; como es abajo, es arriba."

Estos aspectos de la mente, los Principios Masculino y Femenino, el "Yo" y el "Mí", considerados en conexión con los bien conocidos fenómenos mentales y psíquicos, dan la llave maestra a estas regiones vagamente conocidas de operación y manifestación mentales. El principio del Género Mental da la verdad subyacente a todo el campo de los fenómenos de la influencia mental, etc.

La tendencia del Principio Femenino está siempre en la dirección de recibir impresiones, mientras que la tendencia del Principio Masculino está siempre en la dirección de dar o expresar. El Principio Femenino tiene un campo de operación mucho más variado que el Principio Masculino. El Principio Femenino realiza el trabajo de generar nuevos pensamientos, conceptos, ideas, incluyendo el trabajo de la imaginación. El Principio Masculino se contenta con el trabajo de la "Voluntad", en sus variadas fases. Y sin embargo, sin la ayuda activa de la Voluntad del Principio Masculino, el Principio Femenino tiende a contentarse con generar imágenes mentales que son el resultado de impresiones recibidas del exterior, en lugar de producir creaciones mentales originales.

Las personas que pueden prestar atención y pensamiento continuos a un tema emplean activamente ambos Principios Mentales: el Femenino en el trabajo de generación mental activa y la Voluntad Masculina en estimular y energizar la porción creativa de la mente. La mayoría de las personas realmente emplean el Principio Masculino pero poco, y se contentan con vivir de acuerdo con los pensamientos e ideas inculcados en el "Mí" desde el "Yo" de otras mentes. Pero no es nuestro propósito detenernos en esta fase del tema, que puede ser estudiada en cualquier buen libro de texto de psicología, con la clave que les hemos dado sobre el Género Mental.

El estudiante de Fenómenos Psíquicos es consciente de los maravillosos fenómenos clasificados bajo el título de Telepatía; Transferencia de Pensamiento; influencia mental; Sugerencia; Hipnotismo, etc. Muchos han buscado una explicación de estas variadas fases de fenómenos bajo las teorías de los varios maestros de "mente dual". Y en cierta medida tienen razón, porque claramente hay una manifestación de dos fases distintas de actividad mental. Pero si tales estudiantes consideraran estas "mentes duales" a la luz de las Enseñanzas Herméticas con respecto a las Vibraciones y el Género Mental, verán que la clave largamente buscada está al alcance de la mano.

En los fenómenos de la Telepatía se ve cómo la Energía Vibratoria del Principio Masculino es proyectada hacia el Principio Femenino de otra persona, y ésta toma el pensamiento-simiente y lo deja madurar. Del mismo modo opera la Sugestión y el Hipnotismo. El Principio Masculino de la persona que hace las sugestiones dirige una corriente de Energía Vibratoria o Fuerza de Voluntad hacia el Principio Femenino de la otra persona, y ésta al aceptarlo lo hace suyo y actúa y piensa en consecuencia. Una idea así alojada en la mente de otra persona crece y se desarrolla, y con el tiempo es considerada como la descendencia mental legítima del individuo, mientras que en realidad es como el huevo de cuco colocado en el nido del gorrión, donde destruye la descendencia legítima y se hace como en casa. El método normal es que los Principios Masculino y Femenino en la mente de una persona se coordinen y actúen armoniosamente entre sí. Pero, desafortunadamente, el Principio Masculino en la persona promedio es demasiado perezoso para actuar, la exhibición de Poder de Voluntad es demasiado leve, y la consecuencia es que tales personas están gobernadas casi por completo por las mentes y voluntades de otras personas, a quienes permiten. para hacer su pensar y querer para ellos. ¿Qué pocos pensamientos originales o acciones originales realiza la persona promedio? ¿No son la mayoría de las personas meras sombras y ecos de otros que tienen voluntades o mentes más fuertes que ellos mismos? El problema es que la persona promedio mora casi por completo en su conciencia de "yo" y no se da cuenta de que tiene tal cosa como un "yo". Se polariza en su Principio Femenino de la Mente, y se permite que el Principio Masculino, en el que se aloja la Voluntad, permanezca inactivo y no ocupado.

Los hombres y mujeres fuertes del mundo manifiestan invariablemente el Principio Masculino de la Voluntad, y su fuerza depende materialmente de este hecho. En lugar de vivir de las impresiones hechas en sus mentes por otros, dominan sus propias mentes por medio de su Voluntad, obteniendo la clase de imágenes mentales deseadas, y además dominan las mentes de otros igualmente, de la misma manera. Miren a las personas fuertes, cómo se las arreglan para implantar sus pensamientos-simiente en las mentes de las masas de personas, haciendo así que estas últimas piensen pensamientos de acuerdo con los deseos y voluntades de los individuos fuertes. Esta es la razón por la cual las masas de personas son criaturas semejantes a ovejas, que nunca originan una idea propia, ni usan sus propios poderes de actividad mental.

La manifestación del Género Mental se puede notar a nuestro alrededor en la vida cotidiana. Las personas magnéticas son aquellas que son capaces de utilizar el Principio Masculino para imprimir sus ideas en los demás. El actor que hace llorar o llorar a la gente a su antojo está empleando este principio. Y también lo es el exitoso orador, estadista, predicador, escritor u otras personas que están ante la atención del público. La peculiar influencia que ejercen unas personas sobre otras se debe a la manifestación del Género Mental, en las líneas Vibratorias antes indicadas. En este principio reside el secreto del magnetismo personal, la influencia personal, la fascinación, etc., así como los fenómenos generalmente agrupados bajo el nombre de Hipnotismo.

El estudiante que se haya familiarizado con los fenómenos de los que generalmente se habla como "psíquicos", habrá descubierto el importante papel que juega en dichos fenómenos esa fuerza que la ciencia ha llamado "Sugerencia", término por el cual se entiende el proceso o método por el cual una idea se transfiere a la mente de otro, o se le "imprime", haciendo que la segunda mente actúe de acuerdo con ella. Una comprensión correcta de la Sugestión es necesaria para comprender inteligentemente los variados fenómenos psíquicos en los que se basa la Sugestión. Pero, aún más es necesario un conocimiento de Vibración y Género Mental para el estudioso de la Sugestión. Porque todo el principio de Sugestión depende del principio de Género y Vibración Mentales.

Es costumbre que los escritores y maestros de la Sugestión expliquen que es la mente "objetiva o voluntaria" la que hace la impresión mental, o sugestión, sobre la mente "subjetiva o involuntaria". Pero no describen el proceso ni nos dan ninguna analogía en la naturaleza por la cual podamos comprender más fácilmente la idea. Pero si piensas en el asunto a la luz de las Enseñanzas Herméticas, podrás ver que la activación del Principio Femenino por la Energía Vibratoria del Principio Masculino está de acuerdo con las leyes universales de la naturaleza, y que el El mundo natural ofrece innumerables analogías mediante las cuales se puede entender el principio. De hecho, las Enseñanzas Herméticas muestran que la misma creación del Universo sigue la misma ley, y que en todas las manifestaciones creativas, en los planos de lo espiritual, lo mental y lo físico, siempre está en operación este principio de Género— esta manifestación de los Principios Masculino y Femenino. "Tanto arriba como abajo; como es abajo, es arriba." Y más que esto, una vez captado y comprendido el principio del Género Mental, los variados fenómenos de la psicología se vuelven inmediatamente capaces de una clasificación y un estudio inteligente, en lugar de estar muy a oscuras. El principio "funciona" en la práctica, porque se basa en las inmutables leyes universales de la vida.

No entraremos en una extensa discusión o descripción de los variados fenómenos de influencia mental o actividad psíquica. Hay muchos libros, muchos de ellos bastante buenos, que se han escrito y publicado sobre este tema en los últimos años. Los hechos principales declarados en estos diversos libros son correctos, aunque varios escritores han intentado explicar los fenómenos mediante varias teorías favoritas propias. El estudiante puede familiarizarse con estos asuntos, y mediante el uso de la teoría del género mental será capaz de poner orden en el caos de teorías y enseñanzas en conflicto, y puede, además, dominar fácilmente el tema si está dispuesto a hacerlo. tan inclinado El propósito de este trabajo no es dar una descripción extensa de los fenómenos psíquicos, sino más bien dar al estudiante una llave maestra mediante la cual pueda abrir las muchas puertas que conducen a las partes del Templo del Conocimiento que desee explorar. Creemos que en esta consideración de las enseñanzas de El Kybalión, uno puede encontrar una explicación que sirva para despejar muchas dificultades desconcertantes, una llave que abrirá muchas puertas. ¿De qué sirve entrar en detalles sobre todas las muchas características de los fenómenos psíquicos y de la ciencia mental, con tal de que pongamos en manos del estudiante los medios por los cuales puede familiarizarse completamente con cualquier fase del tema que le interese? Con la ayuda de El Kybalión, uno puede recorrer cualquier biblioteca oculta de nuevo, la antigua Luz de Egipto iluminando muchas páginas oscuras y temas oscuros. Ese es el propósito de este libro. No venimos a exponer una nueva filosofía, sino más bien a proporcionar las líneas generales de una gran enseñanza mundial que aclarará las enseñanzas de otros, que servirá como un Gran Reconciliador de teorías diferentes y doctrinas opuestas.

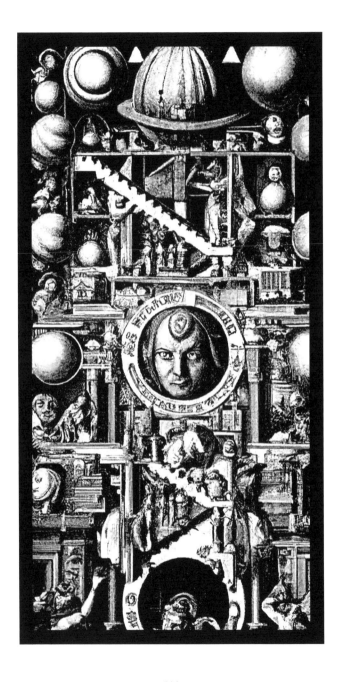

CAPÍTULO XV

AXIOMAS HERMÉTICOS

«La posesión del Conocimiento, a menos que vaya acompañada de una manifestación y expresión en la Acción, es como el acaparamiento de metales preciosos: una cosa vana y tonta. El conocimiento, como la riqueza, está destinado al uso. La Ley del Uso es Universal, y quien la viola sufre a causa de su conflicto con las fuerzas naturales..»

El Kybalión

Las Enseñanzas Herméticas, aunque siempre se han mantenido bajo llave en la mente de sus afortunados poseedores, por las razones que ya hemos expuesto, nunca tuvieron la intención de ser simplemente almacenadas y secretadas. La Ley del Uso se trata en las Enseñanzas, como puede ver por referencia a la cita anterior de El Kybalión, que lo establece con fuerza. El conocimiento sin uso y expresión es algo vano, que no trae ningún bien a su poseedor ni a la raza. Cuídate de la Avaricia Mental y expresa en Acción lo que has aprendido. Estudia los Axiomas y Aforismos, pero practícalos también.

Damos a continuación algunos de los axiomas herméticos más importantes, de El Kybalión, con algunos comentarios añadidos a cada uno. Hazlos tuyos, y practícalos y úsalos, porque no son realmente tuyos hasta que los hayas usado.

> «Para cambiar tu estado de ánimo o estado mental, cambia tu vibración.»
>
> El Kybalión

Uno puede cambiar sus vibraciones mentales por un esfuerzo de Voluntad, en la dirección de fijar deliberadamente la Atención en un estado más deseable. La Voluntad dirige la Atención, y la Atención cambia la Vibración. Cultiva el Arte de la Atención, por medio de la Voluntad, y habrás descifrado el secreto de la Maestría de los Estados de Ánimo y Mentales.

> «Para destruir una tasa indeseable de vibración mental, ponga en operación el Principio de Polaridad y concéntrese en el polo opuesto al que desea suprimir. Elimina lo indeseable cambiando su polaridad.»
>
> El Kybalión

Esta es una de las más importantes de las Fórmulas Herméticas. Se basa en verdaderos principios científicos. Les hemos mostrado que un estado mental y su opuesto eran meramente los dos polos de una cosa, y que mediante la Transmutación Mental se podía invertir la polaridad. Este principio es conocido por los psicólogos modernos, quienes lo aplican a la ruptura de hábitos indeseables al pedir a sus estudiantes que se concentren en la cualidad opuesta. Si estás poseído por el Miedo, no pierdas el tiempo tratando de "matar" el Miedo, sino que cultiva la cualidad del Valor, y el Miedo desaparecerá. Algunos escritores han expresado esta idea con más fuerza usando la ilustración del cuarto oscuro. No tienes que palear o barrer la Oscuridad, pero simplemente abriendo las persianas y dejando entrar la Luz, la Oscuridad ha desaparecido. Para eliminar una cualidad Negativa, concéntrese en el Polo Positivo de esa misma cualidad, y las vibraciones cambiarán gradualmente de Negativo a Positivo, hasta que finalmente se polarizará en el polo Positivo en lugar del Negativo. Lo contrario también es cierto, como muchos han descubierto con pesar, cuando se han permitido vibrar demasiado constantemente en el polo Negativo de las cosas. Al cambiar su polaridad, puede dominar sus estados de ánimo, cambiar sus estados mentales, rehacer su disposición y desarrollar su carácter. Gran parte de la Maestría Mental de los Herméticos avanzados se debe a esta aplicación de la Polaridad, que es uno de los aspectos importantes de la Transmutación Mental. Recuerde el Axioma Hermético (citado anteriormente), que dice:

> «La mente (así como los metales y los elementos) puede transmutarse de un estado a otro; grado a grado; condición a condición; polo a polo; vibración a vibración.»
> El Kybalión

El dominio de la Polarización es el dominio de los principios fundamentales de la Transmutación Mental o

Alquimia Mental, pues a menos que uno adquiera el arte de cambiar su propia polaridad, será incapaz de afectar su entorno. La comprensión de este principio le permitirá a uno cambiar su propia Polaridad, así como la de los demás, si dedica el tiempo, el cuidado, el estudio y la práctica necesarios para dominar el arte. El principio es cierto, pero los resultados obtenidos dependen de la paciencia persistente y la práctica del estudiante.

«El ritmo puede ser neutralizado por una aplicación del Arte de la Polarización.»

El Kybalión

Como hemos explicado en capítulos anteriores, los hermetistas sostienen que el Principio del Ritmo se manifiesta tanto en el Plano Mental como en el Plano Físico, y que la desconcertante sucesión de estados de ánimo, sentimientos, emociones y otros estados mentales se deben a la vaivén hacia adelante y hacia atrás del péndulo mental, que nos lleva de un extremo al otro del sentimiento. Los Herméticos también enseñan que la Ley de Neutralización permite, en gran medida, superar la operación del Ritmo en la conciencia. Como hemos explicado, existe un Plano Superior de Conciencia, así como el Plano Inferior ordinario, y el Maestro al elevarse mentalmente al Plano Superior hace que la oscilación del péndulo mental se manifieste en el Plano Inferior, y él, morando en su Plano Superior, escapa a la conciencia de la oscilación hacia atrás. Esto se efectúa polarizándose en el Yo Superior y elevando así las vibraciones mentales del Ego por encima de las del plano ordinario de conciencia. Es como elevarse por encima de una cosa y permitir que pase por debajo de ti. El Hermético avanzado se polariza en el Polo Positivo de su Ser, el polo "Yo Soy" en lugar del polo de la personalidad, y al "rechazar" y "negar" la operación del Ritmo, se eleva por encima de su plano de conciencia y se coloca firme en su Declaración de Ser, permite que el péndulo oscile hacia atrás en el Plano Inferior sin cambiar su Polaridad. Esto lo logran todos los individuos que han alcanzado algún grado de autodominio, ya sea que entiendan la ley o no. Tales personas simplemente "se niegan" a permitir que el péndulo del estado de ánimo y la emoción los haga retroceder, y al afirmar firmemente la superioridad, permanecen polarizados en el polo positivo. El Maestro, por supuesto, alcanza un grado mucho mayor de pericia, porque comprende la ley que está superando mediante una ley superior, y mediante el uso de su Voluntad alcanza un grado de Equilibrio y Estabilidad Mental casi imposible de creer en el parte de los que se dejan balancear hacia adelante y hacia atrás por el péndulo mental de los estados de ánimo y los sentimientos.

Recuerden siempre, sin embargo, que no destruyen realmente el Principio del Ritmo, porque es indestructible. Ustedes simplemente superan una ley equilibrándola con otra, y así mantienen un equilibrio. Las leyes del equilibrio y el contrapeso operan tanto en el plano mental como en el físico, y la comprensión de estas leyes le permite a uno dar la impresión de derrocar las leyes, mientras que simplemente está ejerciendo un contrapeso.

«Nada escapa al Principio de Causa y Efecto, pero hay muchos Planos de Causalidad, y uno puede usar las leyes de los superiores para vencer las leyes de los inferiores.»

El Kybalión

Por una comprensión de la práctica de la Polarización, los Herméticos se elevan a un plano superior de Causalidad y así equilibran las leyes de los planos inferiores de Causalidad. Al elevarse por encima del plano de las Causas ordinarias, se convierten ellos mismos, en cierto grado, en Causas en lugar de ser meramente Causados. Al poder dominar sus propios estados de ánimo y sentimientos, y al poder neutralizar el Ritmo, como ya hemos explicado, logran sustraerse a gran parte de las operaciones de Causa y Efecto en el plano ordinario. Las masas de personas son arrastradas, obedientes a su entorno; las voluntades y deseos de otros más fuertes que ellos mismos; los efectos de las tendencias heredadas; las sugerencias de quienes les rodean; y otras causas externas; que tienden a moverlos en el tablero de ajedrez de la vida como meros peones. Elevándose por encima de estas causas influyentes, los hermetistas avanzados buscan un plano superior de acción mental, y al dominar sus estados de ánimo, emociones, impulsos y sentimientos, crean para sí mismos nuevos caracteres, cualidades y poderes, mediante los cuales superan su entorno ordinario y convertirse así prácticamente en jugadores en lugar de meros peones. Tales personas ayudan a jugar el juego de la vida con comprensión, en lugar de ser movidos de un lado a otro por influencias, poderes y voluntades más fuertes. Utilizan el Principio de Causa y Efecto, en lugar de ser utilizados por él. Por supuesto, incluso los más elevados están sujetos al Principio tal como se manifiesta en los planos superiores, pero en los planos inferiores de actividad, son Maestros en lugar de Esclavos. Como dice el Kybalión:

> «Los sabios sirven en lo alto, pero gobiernan en lo bajo. Obedecen las leyes que vienen de arriba, pero en su propio plano y en los que están debajo de ellos, gobiernan y dan órdenes. Y, sin embargo, al hacerlo, forman parte del Principio, en lugar de oponerse a él. El sabio cae en la Ley, y al comprender sus movimientos la hace funcionar en lugar de ser su esclavo ciego. Así como el nadador diestro gira de un lado a otro, yendo y viniendo como quiere, en lugar de ser como el tronco que se lleva de un lado a otro, así es el hombre sabio en comparación con el hombre ordinario, y sin embargo tanto el nadador como el Iniciar sesión; el sabio y el necio, están sujetos a la Ley. El que entiende esto está bien encaminado hacia la Maestría.»
>
> El Kybalión

En conclusión, volvamos a llamar su atención sobre el Axioma Hermético:

> «La verdadera transmutación hermética es un arte mental.»
>
> El Kybalión

En el axioma anterior, los herméticos enseñan que el gran trabajo de influir en el entorno de uno se lleva a cabo mediante el poder mental. Siendo el Universo enteramente mental, se sigue que sólo puede ser gobernado por la Mentalidad. Y en esta verdad se encuentra una explicación de todos los fenómenos y manifestaciones de los diversos poderes mentales que están atrayendo tanta atención y estudio en estos primeros años del siglo veinte. Detrás y bajo las enseñanzas de los diversos cultos y escuelas, permanece siempre constante el principio de la Sustancia Mental del Universo. Si el Universo es Mental en su naturaleza sustancial, entonces se sigue que la Transmutación Mental debe cambiar las condiciones y fenómenos del Universo. Si el Universo es Mental, entonces la Mente debe ser el poder supremo que afecta sus fenómenos. Si esto se entiende, entonces todos los llamados "milagros" y "obras de maravillas" se ven claramente por lo que son.

«El TODO es MENTE; el Universo es Mental.»

El Kybalión

Made in the USA
Middletown, DE
11 August 2023